ULRICH WICKERT
Redet Geld, schweigt die Welt

W0086827

GOLDMANN
Lesen erleben

Buch

Wirtschaft und Ethik passen nicht zusammen. So lautet das allgemeine Urteil. Das sieht Ulrich Wickert anders. Seine Botschaften lauten: »Wir müssen lernen, dass überall auf der Welt, so auch in der Wirtschaft, nur diejenigen langfristig Erfolg haben, die ethische Werte kennen und ihr Handeln daran ausrichten.« Und: »Wir müssen den Werten wieder einen Wert geben; Anstand, Ehrlichkeit, Hilfsbereitschaft und Solidarität sind Grundpfeiler des Zusammenlebens.« Mit überzeugenden Beispielen erklärt der Autor, warum es für uns alle – für den ganz normalen Bürger wie für Konzernlenker oder Banker – unerlässlich ist, sich nach gesellschaftlichen Regeln zu richten. Kenntnisreich und engagiert beschreibt Wickert die Krise und weist einen Weg in die Zukunft.

Autor

Ulrich Wickert, geboren 1942, gilt als einer der bekanntesten Journalisten Deutschlands. Als Korrespondent in den USA und Frankreich, als langjähriger Achorman der Tagesthemen hat er das Fernsehbild der Deutschen geprägt. Mit seinen Bestsellern »Der Ehrliche ist der Dumme«, »Das Buch der Tugenden« und »Gauner muss man Gauner nennen« hat er die Wertedebatte inmmer wieder angestoßen. Auch seine Bücher über Frankreich und seine Kriminalromane mit dem Untersuchungsrichter Jacques Ricou waren Bestseller.

Für Julia

Inhalt

Vorwort

»Warum soll ein Unternehmer ethisch handeln, wenn er dadurch ein Geschäft verliert?« Allein diese Frage zu stellen, bedeutet, dass es heute gang und gäbe ist, lieber ein Geschäft – sprich: hohen Gewinn – zu machen, als sich richtig zu verhalten.

Bei einer Straßenumfrage würden wahrscheinlich viele Leute spontan antworten: »Geschäft geht vor. Ist doch klar, oder?«

Und ich fürchte, der eine oder die andere würde kurz zögern und dann zurückfragen: »Was heißt denn eigentlich ›ethisch handeln‹?«

Nun will ich die Menschen auf der Straße zwar nicht diskriminieren, aber es ist tatsächlich so, dass die Ökonomie oft als Gegensatz zur Ethik ausgelegt wird. Und zwar nicht von irgendjemandem, sondern von anscheinend klugen Leuten. Manch einer von ihnen hat schon den Wirtschaftsnobelpreis bekommen, wie Milton Friedman. Ethik, so glauben viele neoliberale Wirtschaftswissenschaftler, bedeutet doch nur eine rein philosophische Betrachtung der Welt. Diese Einordnung scheint der Natur des Menschen zu entsprechen. Denn der strebt eben nach Geld.

Im Geld sieht der Mensch den angenehmen Vorteil, in ethischem Verhalten eine lästige Pflicht.

Diese Erkenntnis ist nicht neu. Schon in der Bibel erleben wir den Widerspruch zwischen dem Gold und den ethischen Werten, zum Beispiel beim Tanz um das Goldene Kalb. Der ist das Sinnbild für die schamlose Verehrung von Reichtum. Doch Moses zerschlug den Götzen und setzte ihm Zehn Gebote entgegen. Die Zehn Gebote? In unserer Straßenumfrage würde die auch kaum noch jemand vollständig aufsagen können.

Jetzt scheinen Ökonomen wieder neu zum Tanz um das Goldene Kalb aufgefordert zu haben. Doch wenn sie als Ziel des Wirtschaftens ausschließlich den Profit sehen, dann verstehen sie weder die Natur des Menschen noch die Funktionsweisen von Gesellschaften. Gewinn ist kein Endziel, sondern nur ein Zwischenziel zur Sicherung der Lebensgrundlagen oder ein Beleg für den eigenen Erfolg.

Geld deckt schließlich nur einen Teilbereich des Lebens ab. Wer das leugnet, der weiß weder, was Ethik bedeutet, noch dass keine demokratische Gesellschaft ohne ethische Grundsätze bestehen kann.

Natürlich gibt es viele Menschen auf der Erde, für die Geld nicht so wichtig ist. Sie suchen ihre Selbstverwirklichung in der Kunst, widmen sich sozialer Arbeit, forschen über das Wesen der Natur oder des Geistes.

Aber was bedeutet es denn nun, ethisch zu handeln?

Es bedeutet nichts anderes, als die Regeln der Gesellschaft einzuhalten. Sobald in einer noch so kleinen Gemeinschaft — etwa in einer Familie — mehrere Menschen zusammenleben, werden sie sich Regeln für den Umgang miteinander geben. In urwüchsigen Stämmen herrschte der Stärkere. Aber überall auf der Welt, wo größere Gesellschaften entstanden sind, entwickelte sich für den Umgang miteinander die sogenannte »Goldene Regel«. Sie lautet: »Was du nicht willst, dass man dir tu, das füg auch keinem anderen zu.« Immanuel Kant hat diese Idee in seinem kategorischen Imperativ überhöht: »Handle so, dass die Maxime deines Willens jederzeit zugleich als Prinzip einer allgemeinen Gesetzgebung gelten könnte.«

In den letzten Jahrzehnten hat sich allerdings bei vielen Akteuren in der Wirtschafts- und Finanzwelt die Leitlinie durchgesetzt: Geschäft geht vor Ethik. Einige von ihnen sind später vor dem Kadi oder gar im Gefängnis gelandet, andere sind bankrottgegangen, doch die Mehrheit der Bosse lebt weiter in Saus und Braus. Und die sind immer noch vielen Menschen ein Vorbild.

Aber es gibt auch anders denkende Wirtschaftsführer. Der Unternehmer Berthold Leibinger zum Beispiel beschäftigt in der Werkzeugmaschinenfabrik Trumpf 8000 Menschen. In einem Interview mit der Süddeutschen Zeitung sagte er: »Die Frage, die mich beschäftigt, ist: Wie bringen wir den Menschen, den handelnden Personen wieder bei, dass es Werte gibt, nach denen wir uns zu richten haben? Auch in einer säkularisierten Welt gibt es diese Werte – und Menschen, die sich danach richten. Ich kenne allerdings auch viele, die es nicht tun.«

SZ: »Wie lassen sich Menschen von Werten überzeugen?«

Leibinger: »Wir brauchen Vorbilder, die diese Werte leben. Wir müssen uns stärker damit beschäftigen. Ingenieure oder Betriebswirte bekommen doch heute im Studium keine ethischen Werte vermittelt. Einpflanzen können wir sie nicht.

Das Elternhaus ist wichtig und für mich auch meine Kirche. Jeder, der in der Verantwortung ist, muss sich persönlich als Vorbild zeigen.«

Ja, die Frage stellt sich immer noch: Wie bringt man verantwortlichen Menschen in der Finanz- und Wirtschaftswelt bei, ihr Handeln nach ethischen Prinzipien auszurichten?

Denn so, als hätte niemand aus den Krisenzeiten gelernt, dreht die gierige Finanzwelt das große Rad schon wieder wie eh und je.

Kursstürze und Panikverkäufe an den Aktienmärkten Asiens, Amerikas und Europas hat es in den letzten zwanzig Jahren immer wieder gegeben, besonders nach der folgenschweren Lehman-Pleite. Die Regierungen der Welt haben hunderte Milliarden Steuergelder für die Rettung von Banken ausgegeben, hunderte Milliarden, die nie für die Rettung von Hungernden oder Armen eingesammelt, höchstens einmal auf einem Wirtschaftsgipfel versprochen wurden.

Wall Street schüttete für 2010 mehr als 140 Milliarden Dollar als Boni aus, so als wäre nichts geschehen. Und der Chef der britischen Barclays Bank, Bob Diamond, sagt, die Zeit der Gewissensbisse sei nun vorbei.

Also weiter wie bisher?

Nein. Nicht weiter wie bisher. Denn immer mehr Unternehmen, die sich zu sehr dem maximalen Profit auf Kosten anderer verschrieben haben, können sich auf Dauer nicht durchsetzen. Und je mehr Regierungen der Habgier, der Korruption, der Maßlosigkeit Schranken setzen, desto eher wird ethisches Verhalten wieder Vorrang haben. Das müssen die Wähler bedenken.

Die Bürger aber sollten es nicht nur den staatlichen Institutionen überlassen zu handeln. Denn kein Unternehmen kann langfristig bei seinen Kunden und Geschäftspartnern erfolgreich sein, wenn es wiederholt gegen die Regeln des Anstands verstößt. Nicht alles, was legal ist, ist auch legitim. Das haben sogar große Weltkonzerne schmerzhaft lernen müssen, die riesige Umweltschäden verursachten oder zur Herstellung ihrer Produkte Kinder für sich arbeiten ließen.

Ethisch handeln kann auch bedeuten, ethisch zu kaufen oder zu verbrauchen. Ziel des wertorientierten Handelns eines jeden Bürgers soll nicht ausschließlich der zu erzielende Profit sein, sondern auch das Wohlergehen der Gesellschaft.

Markt und Moral

Jeder Tag beginnt so. Auch an diesem Morgen habe ich mich wieder geärgert. Die Wirtschaftsseiten der Tageszeitungen lesen sich jetzt häufig wie das Amtsblatt der Kommissariate für Wirtschaftskriminalität. Achten Sie einmal darauf. Ich schlage also die Süddeutsche Zeitung auf, und die Schlagzeile lautet: »BayernLB-Vorstand erhielt 50 Millionen Dollar«. Da vermutet jeder gleich richtig: es geht um Betrug, um Schmiergeld. Dass es sich dabei sogar um die größte Summe handelt, die in Deutschland je als Bestechungsgeld gezahlt wurde, das werden die Zeitungen dann in den darauf folgenden Tagen drucken.

Der Mann, der das Geld erhalten hat, heißt Gerhard Gribkowsky. Er war von 2002 bis 2008 als Vorstandsmitglied der BayernLB dafür zuständig, Risiken frühzeitig zu entdecken und Kreditausfälle zu vermeiden. Gribkowsky muss auf einen Dukatenesel gestoßen sein, den er seiner Bank allerdings verheimlicht. Denn ohne ersichtlichen Grund werden ihm aus den Steueroasen und Geldwaschanlagen Mauritius und Jungfraueninseln in der Karibik 50 Millionen Dollar überwiesen, die er in einer österreichischen Privatstiftung namens »Sonnenschein« anlegt. Zweck der Stiftung ist die »Versorgung des Stifters«, also Gribkowskys, und weiterer von ihm benannter Personen.

Von den für ihre Recherchen ausgezeichneten SZ-Journalisten Klaus Ott und Nicolas Richter auf den Geldsegen angesprochen, behauptete Gribkowsky zunächst, es handele sich um Familienvermögen, was aber gelogen ist. Dann ging er zur Staatsanwaltschaft und beklagte sich über die neugierigen Journalisten. Das war nicht nur frech, sondern auch dumm. Ein Trost: Die aufgeweckte Staatsanwältin ließ den ehemaligen Bankvorstand kurzerhand wegen Betrugs, Untreue und Steuerhinterziehung verhaften. Das hat mich zunächst ein wenig besänftigt. Aber in den nächsten Wochen blieb der Fall spannend: Intensiv fahndeten Ermittler nach Belegen für die vermeintlich größte Schmiergeldzahlung, die je ein deutscher Manager erhalten haben soll. Aber vieles blieb mysteriös. Nach neuesten Erkenntnissen scheint es so gelaufen zu sein: Gribkowsky ließ die BayernLB an den Chef der Formel 1, Bernie Ecclestone, für den Verkauf der bei der BayernLB liegenden Formel-1-Anteile eine »Vermittlungsgebühr« von gut 40 Millionen Dollar überweisen. Und von Ecclestone floss das Geld dann zurück an Gribkowsky privat.

Von wegen Steuer: An diesem Morgen habe ich mich noch ein zweites Mal geärgert. Ich schlage das Handelsblatt auf und lese: »Steuersünder bescheren dem Fiskus Milliarden«. Zuerst habe ich gelacht: Steuersünder hinterziehen doch Geld. Wie können sie da dem Finanzamt Milliarden bescheren? Aber tatsächlich haben allein im Jahr 2010 mehr als 26 000 Steuersünder freiwillig knapp zwei Milliarden Euro nachgezahlt. Steuersünder, die sich selbst beim Finanzamt anzeigen, werden nämlich nicht bestraft. Sie müssen nur nachzahlen. Allerdings wird die Selbstanzeige nur dann angenommen, wenn das Finanzamt noch keine eigenen Ermittlungen aufgenommen und Erkenntnisse erhalten hat.

Zehntausende deutsche Steuerzahler betrügen das Finanzamt. Sie nennen es meist Selbsthilfe. Und Politiker wie der ehemalige FDP-Chef Guido Westerwelle scheuen sich auch nicht, öffentlich dafür Verständnis auszudrücken. Schließlich seien die Steuern ja auch unerbittlich hoch. Dabei hat er allerdings vergessen, dass es die FDP war, die in den neunziger Jahren in der Regierung saß, als immer höhere Steuern beschlossen wurden.

Dass sich aber allein im Jahr 2010 mehr als 26 000 Steuersünder freiwillig gemeldet haben, liegt einzig daran, dass sie Angst haben mussten, entdeckt zu werden. Denn im Jahr 2009 wurden die Konten vieler Deutscher in Liechtenstein aufgedeckt. Ein geheimer Informant in Liechtenstein hatte Daten von der Bank LTG kopiert und sie für fünf Millionen Euro den deutschen Behörden verkauft. Das Geld war gut angelegt, denn es brachte rund 1,4 Milliarden Euro an zusätzlichen Steuern ein. Allerdings haben sich in jenem Jahr nur wenige Steuerbetrüger selbst angezeigt, obwohl doch das Beispiel von Postchef Klaus Zumwinkel abschreckend genug war. Bei ihm erschienen früh am Morgen gleichzeitig Staatsanwaltschaft, Polizei und das Fernsehen. Vor laufenden Kameras wurde der Postchef abgeführt. Er hatte jahrelang Einkommen von einer Liechtensteiner Stiftung nicht versteuert.

Zumwinkel wurde zu zwei Jahren Gefängnis auf Bewährung und zu einer Million Euro Geldstrafe verurteilt. Mit der Gewährung einer Bewährungsstrafe berücksichtigte die Staatsanwaltschaft, dass Zumwinkel ein umfängliches Geständnis abgelegt hatte. Der ehemalige Postchef hatte gestanden, über eine Stiftung in Liechtenstein knapp 970 000 Euro am Fiskus vorbeigeschleust zu haben.

Laut Anklage hatte Zumwinkel in den Jahren 2001 bis 2007 zwar Abgaben in Höhe von 1,2 Millionen Euro hinterzogen, doch der Steuerbetrug im Jahr 2001 wurde nicht zur Anklage zugelassen. Ein Ermittlungsrichter hatte Beschlüsse zwölf Stunden zu spät ausgefertigt, was sich auf die Verjährung auswirkte. Ohne diese Verjährung hätte Zumwinkel wahrscheinlich ins Gefängnis gemusst, denn ab einer Million Euro darf die Strafe nur im Ausnahmefall zur Bewährung ausgesetzt werden. Da fragt sich der kritische Mensch sofort, wie es denn kommt, dass ein Ermittlungsrichter so schusselig ist und die Anklageerhebung genau um zwölf Stunden verpasst.

Als er vor Gericht stand, hat Zumwinkel die Gründung der Liechtensteiner Stiftung als größten Fehler seines Lebens bezeichnet. Der Gauner war als Gauner entlarvt worden und bereute. In der Öffentlichkeit aber war sein Ansehen ruiniert.

Nach dieser Verurteilung stieg die Zahl der freiwilligen Anzeigen von Steuersündern rapide an. Und nun gibt es Bedarf an kompetenten Beratern. Deshalb werben Steueranwälte inzwischen sogar im Internet: »Selbstanzeige. Fachanwalt für Steuerrecht berät Sie umfassend bei Selbstanzeige www. Adler-Schlottmann.com«.

Allerdings können sich Steuersünder wenigstens auf die Partei der Besserverdienenden verlassen, was ja eigentlich auch ärgerlich ist. Als das Land Nordrhein-Westfalen beschloss, das Angebot eines geheimen Informanten anzunehmen, eine CD anzukaufen, auf die er die Schweizer Bankdaten deutscher Steuersünder kopiert hatte, sagte FDP-Finanzsprecher Hermann Otto Solms, der 2009 gern Bundesfinanzminister geworden wäre: »Es ist grundsätzlich bedenklich, wenn der Staat sich auf die Ebene des Verbrechens begibt.« Damit mache sich der Staat zum Hehler. Und so entschied dann auch die christlich-liberale Koalitionsregierung von Baden-Württemberg, eine ihr angebotene Datei nicht zu erwerben. Der Bund übernahm schließlich den Kauf der angebotenen CD, denn CDU-Finanzminister Wolfgang Schäuble, unterstützt von Bundeskanzlerin Angela Merkel, setzt den Kampf gegen Steuerbetrug verstärkt fort, den sein Vorgänger Peer Steinbrück begonnen hatte. Und das Bundesverfassungsgericht widersprach dem Vorwurf, der Staat begebe sich auf die Ebene des Verbrechens, indem es bestätigte, dass der Kauf solcher Dateien von Steuersündern rechtens sei.

Also von wegen Hehlerei!

Als die CDU schließlich die Bestimmungen, Selbstanzeigen von Steuersündern betreffend, verschärfen wollte, bremste die FDP sofort wieder mit dem gleichen Argument. Das entspreche nicht der Verfassung. Es scheint fast so, als habe die FDP eine Schwäche für Steuersünder. Vielleicht weil sie zu ihrem Wählerstamm gehören? Nun wollen die Finanzminister der Länder über den Bundesrat durchsetzen, dass Steuerhinterzieher nicht nur Verzugszinsen von sechs Prozent zahlen, sondern auch einen »Verwaltungszuschlag« von fünf Prozent.

Das sind lauter Ärgernisse an nur einem Morgen. Und jeden Tag kommen neue Fälle ans Tageslicht, die mit dem Bruch gesellschaftlicher Regeln zu tun haben, so als gälten in der

Wirtschafts- und Finanzwelt keine Regeln, sondern nur Zahlen, die angeben, wie man am meisten Geld für sich selbst raffen kann. Die einstige Todsünde »Habgier« wird als Profitmaximierung zur Tugend erhoben.

Wirtschaftswissenschaftler und auch Manager von großen Unternehmen mögen darauf verweisen, dass immer mehr deutsche Firmen mit Regeln festlegen, wie ihre Mitarbeiter sich im Unternehmen verhalten sollen. Nach amerikanischem Vorbild nennt man das auch in Deutschland »Corporate Governance«. Corporate Governance bestimmt, welche Regeln und Gesetze von den Mitarbeitern in dem betreffenden Unternehmen einzuhalten sind.

Von diesen Maßnahmen hält der deutsche Unternehmer und Manager Jürgen Heraeus zum Beispiel wenig. Er sagt: »Der Ehrbare Kaufmann braucht keinen Kodex guter Corporate Governance.« Wer die Tugend Ehrlichkeit verinnerlicht hat, braucht keine Vorschriften.

In Europa galt jahrhundertelang das Leitbild des »Ehrbaren Kaufmanns«, das den einzelnen Kaufleuten die Einhaltung von bestimmten Verhaltensnormen auferlegte, die unter anderem auch dem gesellschaftlichen Gleichgewicht in den Städten dienten. Als im Zuge der Industrialisierung, ab dem 18. Jahrhundert, große Betriebe entstanden, entwickelten sich aus den Ehrbaren Kaufleuten des europäischen Bürgertums Unternehmerpersönlichkeiten, für die soziale Verantwortung selbstverständlich war.

»Früher waren die Leute noch ehrlich«, sagt Helmut Schmidt, der ehemalige Bundeskanzler, der in hohem Alter als Mahner von einem großen Teil der Bevölkerung verehrt wird. Und weil die Leute früher noch ehrlich waren, so Helmut Schmidt, benötigte man neumodische Regelungen wie »CSR«, die aus den USA wie eine Mode nach Europa schwappen, nicht. Früher, da waren die Leute noch ehrlich.

CSR ist die Abkürzung für Corporate Social Responsibility und bedeutet – kurz gefasst – die ökonomische, die ethische und die legale Verantwortung gegenüber der Gesellschaft.

Beide Begriffe, CSR und Corporate Governance, stammen aus dem Land, das uns wegen des unethischen Verhaltens seiner Finanzinstitute die weltweite Krise beschert hat. Sie bedeuten nichts anderes als einen Ersatz für jene Ethik, die von den Ehrbaren Kaufleuten verkörpert wurde. Ersatz aber ist nie so stark wie das Original. Ehrbare Kaufleute gehörten einer Unternehmerschaft an, die sich dem Gemeinwohl verpflichtet fühlte. Als Vorbild mag der berühmte Kaufmann Jakob Fugger aus Augsburg gedient haben, der schon im 15. Jahrhundert die Fuggerei baute, eine Siedlung für arme Bürger.

Der Sinn für das Gemeinwohl änderte sich zum ersten Mal drastisch während des Übergangs von der Agrar- zur Industriegesellschaft. Ein Wandel, der in England bereits um 1750 einsetzte, in Deutschland erst um 1850. Den Preis für den industriellen Fortschritt mussten allerdings die Arbeiter bezahlen. Weil die neuen Maschinen so lang wie möglich genutzt werden sollten, arbeiteten die Menschen oft zwölf Stunden in einer Tages- oder Nachtschicht an sechs bis sieben Tagen in der Woche. Bezahlt wurde so wenig, dass auch Frauen und Kinder zur Schwerarbeit gezwungen waren. Schon Fünf- oder Sechsjährige schufteten in Bergwerken.

Einige Großindustrielle wie Bosch oder Krupp aber haben

soziale Gedanken aus der Zeit der Ehrbaren Kaufleute übernommen. Bosch vermachte sein Vermögen dem Gemeinwohl,
woraus dann eine Stiftung entstand, die unter anderem sogar
ein Krankenhaus betreibt, und heute jährlich fast hundert
Millionen Euro dem Nutzen der Gemeinschaft widmet. Und
Krupp, der einerseits ein strenges Regiment führte, kümmer-
te sich andererseits um seine »Kruppianer«. Er führte eine
Krankenversicherung ein und ließ ab 1861 Werkswohnungen
bauen. Zum ersten Mal in Deutschland erhielten Arbeiter, die
zeit ihres Lebens in der Firma beschäftigt waren, eine betrieb-
liche Altersversorgung. Am Krupp'schen Vorbild orientierte
sich später die Sozialgesetzgebung Otto von Bismarcks. Und
auch der letzte Krupp stiftete das Unternehmensvermögen
der Gemeinschaft.

Geldgierige Menschen gab es schon immer. Aber im 20. und
21. Jahrhundert scheint die Geldgier vollends über den Sinn
für das Gemeinwohl zu siegen. Sind die Leute heute gieriger
als früher? Nicht unbedingt, aber die Schranken, die das Laster
namens Habgier auf ein erträgliches Maß reduzieren sollen,
sind gefallen.

Unternehmer, die sich noch den Sinn für das rechte Maß,
den Blick auf das Gemeinwohl aus den »guten alten Zeiten«
bewahrt haben, tun sich schwer mit dem neuen Denken, das
sich nur noch am Egoismus des Einzelnen orientiert.

Henry Ford, Gründer einer Autofabrik, zahlte seinen Ar-
beitern freiwillig einen erheblich höheren Lohn als damals
üblich war und senkte die Preise seines Autos. Der Ford T
kostete im Jahre 1916 zunächst 900 Dollar und sank in we-

nigen Monaten auf 440. Daraufhin überlegten die Brüder John und Horace Dodge, die sich im Jahr 1906 mit rund 10 000 Dollar an dem Unternehmen Ford beteiligt hatten, eine eigene Autofabrik zu gründen. Das dazu benötigte Geld wollten sie über ihre vierteljährlich eingehenden Dividenden zahlen. Als Henry Ford ihnen das verwehrte, machten sie vor Gericht geltend, der Firmeneigner dürfe den Gewinn nicht an Arbeiter und Kunden weitergeben, das Geld stehe den Aktionären zu. Und die Richter gaben den Aktionären recht mit der Begründung: »Ein Wirtschaftsunternehmen wird in erster Linie errichtet und geführt, um für die Anteilseigner Gewinn zu machen.«

Von da an ging es mit dem sozialen Denken bergab.

Ende des 20. Jahrhunderts verkündete der Manager eines global handelnden Unternehmens auf einer Ethiktagung: »In unserem Unternehmen ist das Wort Ethik verboten.« Und selbst einer der wichtigsten Finanzmogule unserer Zeit, George Soros, sagt: Die Märkte seien nun einmal von Grund auf unmoralisch, Leute mit Skrupeln hätten in diesem Umfeld keine Chancen. In diesen Aussagen steckt nicht nur eine unglaubliche Arroganz, sondern auch eine Missachtung des Menschen. Und die Leute, die so reden, glauben allen Ernstes, richtig und modern zu handeln. Warum? Sie haben es nicht anders gelernt.

Führende Ökonomen aus den USA beeinflussen immer noch das wirtschaftswissenschaftliche Denken weltweit. Nicht die Gemeinschaft steht ihrer Meinung nach im Vordergrund, sondern der Einzelne. Ihre These lautet: Der private Egoismus verwandelt sich in das Wohl der Allgemeinheit. Denn der

Einzelne handelt wirtschaftlich ausschließlich aus Vernunft. So verbreitet die Mehrheit der Wirtschaftswissenschaftler nicht die Lehre von ethischem Verhalten, sondern träumt immer noch vom Mythos des rationalen Marktes: Mit Formeln ist alles zu berechnen. Die wichtigsten Faktoren der Dynamik der Wirtschaft sind durch Statistik, Ökonometrie und quantitative Methoden zu erfassen.

Ökonomen nehmen kaum noch wahr, was um sie herum vorgeht, klagt der Tübinger Volkswirtschaftler Joachim Starbatty: »Sie reduzieren ökonomische Realität auf statistische Zeitreihen. Diese können uns helfen zu erklären, was passiert ist, nicht aber zu erkennen, was sich zusammenbraut. Was nicht in gerade modischen, mathematisch gefassten Modellen behandelt wird, existiert nicht mehr.«

Lernt nicht jeder schon zu Hause in der Familie und später in der Schule, was Verantwortung bedeutet, wie wichtig Vertrauen in den Mitmenschen ist? Sind nicht Freiheit, Gleichheit und Brüderlichkeit die republikanischen Tugenden, auf denen sich das Leben jeder Demokratie gründet? Bestimmen nicht Gerechtigkeit und Solidarität unser Handeln?

Mich ärgern solche Denkstrukturen, weil ich gelernt habe, anders zu denken. Lernen fängt ja ganz früh an. Ich habe zum Beispiel nie eine Geschichte aus meinem Lesebuch der Volksschule vergessen. Die ging etwa so: Ein Lehrling tritt seine Stelle in einem kleinen Handwerksbetrieb an. Und der Meister sagt zu ihm: »Weil ich dich achte, möchte ich dir von Anfang an Verantwortung übertragen. Von nun an bist du für die Portokasse zuständig.« Der Lehrling muss über jede Ausgabe Rechenschaft ablegen, und wie es bei solchen Lehrstücken üblich ist, entsteht natürlich bald ein Konflikt. Irgendwann stimmt die Portokasse nicht mehr. Der Junge, der unachtsam gewesen ist, weiß nicht, wie er sich helfen soll. Er hat kein Geld, um die fehlenden sechzig Pfennige zu ersetzen. Er überlegt, ob er den Fehler verschweigen soll, doch dann nimmt er allen Mut zusammen und ist ehrlich. Der Meister zieht den Lehrling zur Verantwortung und sagt ihm streng: »Diesmal werde ich die sechzig Pfennige ersetzen. Weil du ehrlich bist, vertraue ich dir. Beim nächsten Mal aber wirst du zur Verantwortung gezogen und musst für den Schaden einstehen. Und wenn du es nicht kannst, weil du kein Geld hast, dann behalten wir es dir von deinem Lehrgeld ein.«

So banal sie auch klingt, diese Geschichte ist mir nie mehr aus dem Kopf gegangen. Sie hat ihre Wirkung nicht verfehlt und erklärt, was Vertrauen und Verantwortung bedeuten können.

Als Student hatte ich dann das Glück, ein Stipendium für die Vereinigten Staaten zu erhalten. John F. Kennedy war Präsident. Und so wie das kleine Lehrbeispiel aus dem Lesebuch in der Volksschule hat auch Kennedy mit einem einzigen Satz einen weiteren Wegweiser in meinem Denken aufgestellt. In seiner Rede zum Amtsantritt forderte er: »Frag nicht, was dein Land für dich tun kann, frag, was du für dein Land tun kannst.«

Junge Schwarze in den USA engagierten sich daraufhin etwa im Kampf um die Bürgerrechte. Tausende US-Amerikaner bewarben sich, um im »Peace Corps«, einem freiwilligen Entwicklungsdienst, zu arbeiten. Aber dieser Satz wirkte nicht nur auf die Jugend in den Vereinigten Staaten, sondern wurde zum Motto überall auf der Welt. Leider wird er heute nur noch von einer Minderheit akzeptiert. In Deutschland identifizieren sich mit diesem Sinnspruch gerade einmal ein Fünftel der Befragten, fast die Hälfte lehnt diese Idee ab, während ein weiteres Drittel keine Meinung mehr dazu hat. Und schaut man in die Diskussionsforen im Internet, dann stellen dort viele die erstaunlich naive Frage: Hat der Bürger denn Pflichten gegenüber seinem Land?

Nein, sagt dazu der Nobelpreisträger Milton Friedman, neben John Maynard Keynes der einflussreichste Ökonom des 20. Jahrhunderts, der freie Mann soll sich nicht fragen, was sein Land für ihn tun kann, er soll aber auch nicht fragen, was er für sein Land tun kann. Er soll sich nur nach einem richten: »Was können ich und meine Landsleute mit Hilfe der Regierung tun: bei der Erfüllung unserer individuellen Pflichten, zum Erreichen unserer verschiedenen Ziele und Zwecke und vor allem zum Schutz unserer Freiheit.«

Nach der Theorie von Friedman ist der Einzelne die primäre Einheit der Wirtschaft, seine Freiheit gilt mehr als alles andere, und die Aufgabe der Regierung ist es, den freien Markt zu garantieren. Also: möglichst wenig Staat, wenig Gesetze, keine Rücksicht auf die Schwachen. Für Friedman besteht das Ethos der Wirtschaft in der Profitsteigerung. Es gibt keine soziale Verantwortung der Wirtschaft außer man interpretierte sie so, wie Friedman es formuliert: »The Social Responsability of Business Is to Increase Its Profits.« Die soziale Verantwortung eines Unternehmens besteht ausschließlich darin, seinen Gewinn zu mehren. Nun ist Gewinn sicher ein notwendiges Unternehmensziel. Aber hier wird Gewinn-maximierung von dem Ökonomen zur moralischen Pflicht ernannt. Das bedeutet, den Egoismus zur Tugend zu erheben. Da irrt der Nobelpreisträger!

Als der Theologe Hans Küng, Präsident und Gründer der Stiftung Weltethos, als Gastprofessor an der University of Chicago lehrte, begegnete er Milton Friedman und anderen Ökonomen gelegentlich im Speisesaal für Akademiker des Quadrangle Clubs, wo er auch wohnte. Küng beschreibt die Treffen so: »Bei allem Respekt: Diese Ökonomen erschienen mir Theologen damals wie Wesen aus einer anderen Welt. An Ethik zeigten sie kaum Interesse.« Das scheint unter vielen Ökonomen auch heute noch weltweit eine Haltung zu sein.

Durch die Finanzkrise ist der Ruf nach mehr Ethik laut geworden. Doch was die Lehre von Ethik und Wirtschaft anbelangt, hinken die deutschen Hochschulen immer noch weit hinterher. »In anderen europäischen Ländern und den USA ist man an den Hochschulen schon viele Jahre weiter«, sagt Susanne Lang, Leiterin des Berliner Centrums für Corporate Citizenship – Ethik im Bereich Wirtschaft und Finanzen wird in Deutschland merkwürdigerweise nur noch mit englischen Begriffen definiert. Lang hat mit Wissenschaftlern der Berliner Humboldt-Universität das deutsche Lehrangebot untersucht. Danach bietet nur die Hälfte der Hochschulen Veranstaltungen zu Unternehmensverantwortung an.

Zwar finden 67 Prozent der Studenten, Wirtschafts- und Unternehmensethik sollte ein Pflichtfach in der wirtschafts-wissenschaftlichen Ausbildung sein, doch die Zahl der Studiengänge, die in Unternehmensverantwortung ausbilden, ist verschwindend gering. Dabei vermissen Studenten Vorlesungen zu diesem Thema.

Damit bin ich selbst konfrontiert worden. Vor einigen Jahren erhielt ich einen Anruf von der Wirtschaftswissenschaftlichen Fakultät in Köln mit der Frage, ob ich den Festvortrag bei der Feier zur Überreichung der Diplome halten könne. Der Termin passte, also sagte ich zu. Die Person, die mich anrief, erklärte, ich sei frei in der Wahl des Themas, ich könne reden, worüber ich wolle. Nun ergab es sich, dass ich in dieser Zeit gerade mit großem Interesse ein sehr verständliches Buch über die praktische Wirkung von moralischen Regeln in der Gesellschaft las: »Erziehung, Moral und Gesellschaft« von Emile Durkheim. Durkheim war ein bedeutender französischer Soziologe und Pädagoge. Also schlug ich meinem Gesprächspartner vor, über Werte zu sprechen. »Worüber?«, fragte der verwundert. »Über ethische Werte«, antwortete ich. »Nun, wenn Sie meinen«, erwiderte er wenig überzeugt.

Zum verabredeten Zeitpunkt erschien ich in Köln. Es war eine feierliche Veranstaltung. Das Collegium Musicum spielte, der Dekan sprach, die dunkel gekleideten Diplomanden lauschten seinen Worten. Ich hielt meinen Vortrag, der auf den Fragen zu Erziehung, Moral und Gesellschaft basierte. Hinterher kamen viele junge Leute zu mir, die eben ihr Diplom erhalten und damit das Studium abgeschlossen hatten, und fragten, ob wir dieses Thema im Gespräch vertiefen könnten. Davon habe ihnen noch nie jemand etwas erzählt. Ich erschrak und sagte mir: Kein Wunder, dass in unserer Gesellschaft so viel schiefläuft, wenn junge Menschen, die ihre Ausbildung abgeschlossen haben und nun ins Berufsleben treten, nichts über moralische Regeln für ihr Handeln wissen.

Vor zwanzig Jahren schon gründeten Studenten an der Universität in Sankt Gallen »oikos International«, um weltweit Gedanken über nachhaltiges Wirtschaften auszutauschen. Und die studentische Initiative PEUK (philosophy and economics an der Uni Köln) veranstaltet regelmäßig kritische Vorlesungen etwa zu Themen wie »Die Ethik des Profits«.

Mit »sneep« hat sich ein weiteres studentisches Netzwerk für Wirtschafts- und Unternehmensethik gebildet. Darin sind Studenten verschiedener Fachrichtungen miteinander verbunden. Sie organisieren an ihren Hochschulen das, was aus ihrer Sicht im Studium fehlt: die Vermittlung von Ethik.

»Man kann in Deutschland immer noch Betriebswirtschaftslehre studieren, ohne mit ethischen Themen in Kontakt zu kommen«, sagt Katharina Hetze von »sneep«. Am 1. Dezember 2010 haben die Mitglieder dieser Organisation 311 deutsche Hochschulpräsidenten, die Bundesministerin für Bildung und Forschung Annette Schavan sowie die Kultus- und Wissenschaftsminister der Länder in einem offenen Brief dazu aufgefordert, Wirtschaftsethik stärker und als Pflichtmodul in die akademische Lehre zu integrieren.

Das Drängen dieser studentischen Gruppen darauf, eine Professur für Wirtschaftsethik zu schaffen, hat dazu geführt, dass der Dekan der Wirtschafts- und Sozialwissenschaftlichen Fakultät in Köln den neu zu besetzenden Lehrstuhl für Unternehmensentwicklung um den Begriff Wirtschaftsethik erweiterte und im Sommersemester 2010 mit Professor Dr. Bernd Irlenbusch besetzte. Campus: grün, das Blatt der Grünen

Hochschulgruppe in Köln, fragte ihn, wieso sich Studierende für Fragen, die Wirtschaftsethik betreffend, interessieren sollten. Dazu Irlenbusch: »Die Situation ist im Moment einfach unbefriedigend. Man liest jeden Tag in den Zeitungen, dass Dinge in diesem Bereich in Unternehmen schieflaufen. Da hoffe ich einfach, dass Studenten noch den Idealismus haben, etwas zu verändern. Bei Veranstaltungen unseres Lehrstuhls kann man schon lernen, wie Situationen des unethischen Handelns entstehen und wie man darüber nachdenken kann, die Rahmenbedingungen so zu verändern, dass unethisches Verhalten vermieden wird. Gleichzeitig sind viele Fragen der Wirtschaftsethik noch offen und unbeantwortet.«

Mit Erschrecken habe ich immer wieder in Gesprächen und Diskussionen mit erfolgreichen Unternehmenschefs, Managern oder Geschäftsführern die Erfahrung gemacht, dass vielen fremd ist, was sich hinter Begriffen wie Verantwortung oder etwa Nachhaltigkeit verbirgt.

Nachhaltigkeit sei doch ein modischer Begriff, sagte mir kürzlich ein wichtiger deutscher Finanzier. Der sei sicher bald wieder überholt. Kann man ihm einen Vorwurf machen? Wo soll er es denn gelernt haben? Wenn aber in unserer Wirtschafts- und Finanzwelt Grundbegriffe wie Werte, Tugenden und Moral nicht präsent sind, wohl aber die neue Kardinaltugend der exzessiven Profitmaximierung, wie das Laster »Gier« von der Ökonomie zum Goldenen Kalb umbenannt wurde, dann dürfen wir uns auch nicht wundern, wenn wir morgens die Zeitung aufschlagen und uns ärgern, dass die Gier nach dem schnellen Geld Menschen dazu verleitet, zu lügen und zu betrügen, zu stehlen und irrezuführen.

Habgier und Macht

Die Gier war schuld. Die Habgier. Die Raffgier. Die Gier von Finanzkonzernen, so steht es in dem Bericht der US-Untersuchungskommission zur Finanzkrise 2008, hat die Welt beinahe in ein Desaster getrieben. Fast klingt es so, als wäre die Menschheit von Gott wegen ihrer ungebremsten Raffgier mit der Finanzkrise bestraft worden. Aber was ist eigentlich Gier?

Gier gilt als schlechte Charaktereigenschaft, die in der klassischen Theologie zu den sieben Hauptlastern oder sieben Todsünden zählt. Dabei sind die Laster selbst keine Sünden im engeren Sinn, sondern Verursacher von Sünden.

Geiz wird im Deutschen Wörterbuch der Brüder Grimm als »vorzugsweise gier auf geld und gut« definiert. Und mal wird in der Theologie von Geiz, mal von Gier als dem Hauptlaster gesprochen. Während Geiz eine zwanghafte Sparsamkeit verkörpert, steckt in Gier das übersteigerte Streben nach Besitz. Und diesen Zwang, »alles haben zu wollen«, gibt es schon seit Menschengedenken. Bei Aristoteles wird er beschrieben, Plutarch widmet sich ihm, indem er die Gier nach materiellen Werten von der Fressgier unterscheidet: »Getränk löscht das Begehren nach Getränk, Nahrung stillt das Verlangen nach Nahrung. Den Drang nach Geld aber stillt weder Silber noch

Gold, und das Mehrhabenwollen hört mit dem Mehrerwerb nicht auf. Zum Reichtum kann man ja wirklich sagen wie der Patient in der Komödie zu dem Arzt mit dem Wunderrezept: ›Dein Mittel macht nur, dass mein Leiden schlimmer wird‹.«

Und in Ovids Sage von Midas, dem König der Phrygier, kann der unermesslich reiche König in seiner Goldgier nicht gesättigt werden. Als Bacchus, Sohn des Zeus und Gott des Weines, ihm aus Dankbarkeit einen Wunsch freistellt, erbittet sich Midas die Gabe, es möge sich alles, was er berührt, in Gold verwandeln. Bacchus gewährt ihm den Wunsch. Aber wahrscheinlich mit einem kleinen sadistischen Lächeln, denn die griechischen Götter sind ja gewieft. Tatsächlich verwandelt sich alles, was Midas von nun an anfasst, in Gold, die Ähren auf dem Feld, der Obstbaum, ein Stein und ein Türpfosten, allerdings auch der Wein und das Essen, die er zum Mund führen will. So muss der raffgierige König den Gott noch einmal um einen Gefallen bitten. Und Midas ruft:

»Verzeih! Wir sündigten! Aber ich fleh' um Erbarmen: entreiß mich dem schimmernden Unglück!«

Bacchus, der freundliche Gott, erlöst den an seiner Gier gescheiterten König, sobald der die Sünde bekennt.

»Greed is good – Gier ist gut«, sagt der Wirtschaftskriminelle Gordon Gekko in dem Film »Wall Street«. Und entsprechend handeln seit Jahren Männer im großen Wirtschafts- und Finanzgewerbe. Denn die Figur des Börsenhais Gekko ist keine reine Erfindung von Drehbuchautoren, sondern sie hat Vorbilder, darunter auch den amerikanischen Börsenspekulanten Ivan Frederick Boesky, der 1986 in einen der damals größten

Wirtschaftsskandale verwickelt war. Boesky hatte sich an der Wall Street ein riesiges Vermögen erschwindelt und war in New York wegen seiner Verschwendungssucht berüchtigt. So bestellte er in Restaurants meist mehrere Hauptspeisen gleichzeitig, um von jeder einen Happen zu probieren. Was ihm am besten schmeckte, aß er dann. Den Rest ließ er abräumen.

1986 wurde Boesky wegen Insiderhandels zu drei Jahren Gefängnis und einer Geldstrafe von 100 Millionen Dollar verurteilt. Vor der Vollstreckung des Urteils erlaubte ihm das Gericht noch ein letztes Geschäft. Er verkaufte ein Aktienpaket für 440 Millionen Dollar und beglich damit sofort seine Geldstrafe. Vor seinem Prozess hatte Boesky vor Absolventen der Haas School of Business an der University of California in Berkeley einen Vortrag gehalten, in dem er Gier als gut bezeichnete. In dem Film »Wall Street« wurde daraus Folgendes zitiert: »Es ist gut, wenn man habgierig ist. Ich glaube, Gier ist gesund. Sie können habgierig und trotzdem mit sich im Reinen sein.« Das Erstaunliche ist nicht nur, dass Ivan Boesky bei der Diplomfeier für Betriebswirte an einer der renommierten Wirtschaftsschulen der USA so lästern konnte, sondern dass seine Provokationen auch noch mit lautem Gelächter und Beifall begrüßt wurden.

Ein deutsches Gericht kann jemanden, der aus Gier handelt, sogar besonders streng verurteilen. Denn wer einen anderen Menschen tötet, wird nach § 211 des Strafgesetzbuches besonders streng bestraft, wenn er aus Habgier gehandelt hat. Habgier wird als rücksichtsloses Streben nach Gewinn um jeden Preis definiert. Und Habgier gehört zu einem der häufigsten Beweggründe für Verbrechen. Man möchte um jeden Preis mehr haben. Das gilt nicht nur für diejenigen, die schon viel haben, es gilt für alle, die rücksichtslos um jeden Preis nach mehr Geld streben, und sei es auf Kosten des Lebens eines anderen.

Dieses Laster scheint bei Männern besonders ausgeprägt zu sein. Gier vermehrt das Guthaben, und Geld ist verbunden mit Macht. Und Macht macht attraktiv. Fast alle Finanzbetrüger der Geschichte waren Männer. Ein paar Frauen haben auch mitgemacht. Aber meistens sind es Männer, die die Geschäfte der Unternehmen leiten und durch Betrug und Lügen auffallen. Sie verfallen dem Laster Sucht immer mehr. Mann will nicht nur den teuersten Sportwagen, sondern gleich eine Sammlung. Dann wirkt er gleich auch noch erotischer. Der Gierige glaubt, Prestige wäre käuflich.

Aber sind es nicht die teuersten Geschenke, mit denen ein vielleicht geschmackloser, aber sicher gieriger Mann einem Weibe imponieren kann? Der Luxusindustrie geht es wohl deshalb besonders gut. Und es ist fast peinlich zu sehen, was alles für horrende Summen angeboten wird. Für neun Millionen Euro kann man einen Luxus-BH von Victoria's Secret um einen schönen Busen schlingen. Das Stück in filigranem Weißgold wurde von einem berühmten Schmuckdesigner entworfen. Als Verschluss dient ein Diamant von neunzig Karat. Der dazu passende Slip kostet nur 580 000 Euro. Während der BH einmalig ist, hat die Uhrenfirma Chopard fünfzig Exemplare einer 800 000 Euro teuren Brillantuhr im Angebot. Diamanten machen alles wertvoll, so auch die 1,5 Millionen Euro teuren Cinderella Slippers von Designer Stuart Weizman. Und

Gucci bietet eine Handtasche aus Kroko- und Straußenleder für 140 000 Euro an. Damit kann der Mann eine Frau beeindrucken, aber nicht seinen gleich gierigen Kumpan.

Der Wettbewerber bestellt sich gerade ein größeres Privatflugzeug, also muss Mann mehr Geld scheffeln, um sich ein noch moderneres oder schnelleres zu kaufen. Das scheint das Prestige in den Reihen der Neureichen zu erhöhen. Der Milliardär aus Russland oder Arabien lässt sich eine hundert Meter lange Jacht bauen? Da ordert Mann eine, die zehn Meter länger ist, und die lässt er von einem französischen Stardesigner entwerfen!

Aber es ist zum Verzweifeln: Immer gibt es jemanden, der sein Schiff noch ein wenig größer bauen lassen kann. Wer das längste hat, ist König.

Der amerikanische Finanzier George Soros sagte beim Weltwirtschaftsforum in Davos, die Märkte seien getrieben von »greed and fear«, von der Gier, noch mehr zu bekommen, aber auch von der Angst, es schnell wieder zu verlieren.

Nicht erst seit König Midas motiviert das Laster Gier das Handeln von Männern. Doch immer wieder wurde diese »Todsünde« von Kirche und Moral, von Tradition und gesellschaftlicher Missachtung des Gierigen oder Geizigen in Schranken gehalten. Mit dem Zusammenbruch des Kommunismus und den Raubrittern in den neuen Staaten des Ostens, die mit gierig zusammengeklaubten Milliarden riesige Hochseejachten, renommierte Fußballclubs und teure Stadtvillen in Großbritannien kauften, fielen auch im Westen gesetzliche und moralische Schranken. Plötzlich galt immer mehr Männern nur noch die Multiplizierung der eigenen Millionen und Milliarden als Ziel, und sei es auf Kosten der Ehrlichkeit. Lug und Betrug in bisher ungeahnten Ausmaßen waren bald keine Einzelfälle mehr.

Im Februar 2011 ermittelte das Bundeskriminalamt gegen verschiedene Pharmagroßhändler in Deutschland. Sie hatten unter anderem subventionierte Medikamente, die für Patienten in Afrika vorgesehen waren, illegal nach Deutschland gebracht und mit horrendem Gewinn verkauft. »Da mit Südafrika, der Schweiz und Belgien auch andere Länder beteiligt sind, zählt dieses Verfahren sicher zu unseren größten«, sagte Rüdiger Meienburg, Leitender Oberstaatsanwalt in Flensburg. Es geht um eine Beute im zweistelligen Millionenbereich. Der Pharmaexperte der Universität Bremen, Gerd Glaeske, verurteilt den Betrug, da sich nicht nur die gierigen Pharmagroßhändler bereicherten, sondern Menschen, die diese Arzneimittel nicht bekamen, geschädigt wurden. Die Habgier macht vor dem Leben anderer nicht halt. Und man braucht nur jeden Tag in die Zeitungen zu schauen, um von Kriminalfällen zu lesen, die von der Gier ausgelöst werden.

Unternehmer betrügen etwa beim Kurzarbeitergeld, aber auch Arbeitnehmer betrügen. Eine Sekretärin der Lufthansa zum Beispiel hatte sich den Zugangscode ihres Chefs zu seinem Computer besorgt und Zahlungen von bis zu 200 000 Euro aus den Kassen der Lufthansa auf das Konto der Firma ihres Lebenspartners überwiesen. Insgesamt zwei Millionen Euro.

Gier ist eben kein Laster, das nur die Reichen verleitet. So wie diese den Steuerbetrug als Notwehr gegen die vermeintlich zu gierigen Finanzkassen ansehen, leben andere ausschließlich von Schwarzarbeit und beziehen nebenbei manchmal auch noch Gelder aus den Sozialkassen mit genau dem gleichen Argument, nämlich der Notwehr gegen den Staat.

Fehlgeleitetes Profitstreben hat uns unter anderem die Ölkatastrophe im Golf von Mexiko beschert. Der Untersuchungsbericht der amerikanischen Regierung schildert neun einzelne Aktionen, die den beteiligten Firmen BP, Transocean und Halliburton halfen, Geld zu sparen, um einen höheren Gewinn zu erzielen. Der Schaden betrug dann aber mehr als zwanzig Milliarden Dollar allein für BP.

Anfang des neuen Jahrtausends kamen kriminelle Bilanzfälschungen ungeheuren Ausmaßes ans Licht. Mit fiktiven Gewinnen erhöhten Manager ihre Bonuszahlungen. Dabei ging es häufig um Milliardenschäden. Die Firma Enron zum Beispiel musste mehr als sieben Milliarden Dollar Schadensersatz zahlen, die gierigen Täter wurden zu langen Gefängnisstrafen verurteilt. Und das war noch nicht einmal der größte Betrug. Den leistete sich Worldcom, eins der wichtigsten Kommunikationsunternehmen der Welt. Deren Manager gaben eine um elf Milliarden Dollar aufgeblähte Bilanz ab. Worldcom brach zusammen, als der Betrug im Jahr 2002 auffiel, 20 000 Mitarbeiter verloren Arbeit und Pensionsrücklagen, die Worldcom-Aktien wurden wertlos, Investoren büßten 180 Milliarden Dollar ein. Worldcom-Chef Bernard Ebbers wurde zu 25 Jahren Gefängnis verurteilt.

Nachdem noch zahlreiche andere amerikanische Unternehmen wegen enormer Bilanzbetrügereien aufgeflogen waren, leitete der amerikanische Senat 2002 eine Untersuchung ein. Auch der damals schon jahrelang amtierende Chef der amerikanischen Notenbank Alan Greenspan kam zu Wort. Er erklärte die Zunahme an Bilanzfälschungen so: »Eine infektiöse Gier hat in der Wirtschaft viele erfasst. Es ist nicht so, dass die Menschen heute gieriger sind als die Menschen früherer Generationen. Es ist nur so, dass die Möglichkeiten, Gier nachzugeben, enorm gewachsen sind.«

Schon einige Jahre vor der Finanzkrise von 2008 machte sich die amerikanische Politik Sorgen um das Verhalten der Männer, die in der Wirtschafts- und Finanzwelt das Handeln bestimmten. Der wirtschaftsfreundliche US-Präsident George W. Bush begab sich in die Wall Street und hielt dort eine Rede unter dem Motto »War on greed – Krieg der Gier«. Er forderte, dass die Zeit des Betrügens und Lügens, der Bilanzfälschungen und Gesetzesverstöße zu Ende sein müsse. Deshalb werde er einige Gesetzesänderungen vorschlagen, die Gefängnisstrafen für Wirtschaftsbetrug verdoppeln, die Börsenaufsicht SEC mit 100 Millionen Dollar verstärken. Aber er sah weniger in einer Reform des Systems die Lösung, sondern rief die Führungskräfte auf, tugendhafter zu sein, mehr Verantwortung zu zeigen: »Ich fordere eine neue Ethik der persönlichen Verantwortung innerhalb der Wirtschaft. Schärfere Gesetze und striktere Regulierungen werden helfen. Aber letzten Endes hängt die Ethik der amerikanischen Geschäftswelt an dem Gewissen der amerikanischen Wirtschaftsführer.«

Dieser Appell des amerikanischen Präsidenten Bush hat

nicht viel bewirkt. Zu verführerisch sind die Kräfte, die von Ökonomen wie Milton Friedman und seinen Anhängern mit der These gefüttert werden, dass Führungskräfte der Moral keine Bedeutung beimessen dürften. Gier ist für viele eine zu große, irrationale Versuchung, als dass die Märkte sich immer noch rational regulierten.

Inzwischen beschäftigt sich in den USA das Fach Verhaltensökonomie »Behavioral economics« mit dem Thema. Das bedeutet, dass auch die Psychologie in die Beurteilung von Handlungen einbezogen wird. Eindeutiges Ergebnis: Wenn es um Geld geht, entscheiden Menschen häufig irrational, selbstgefällig und getrieben von Maßlosigkeit.

Die Gier des Individuums ist zu einem systemischen Problem geworden.

Der Begriff »systemisch« ist nach der Finanzkrise 2008 plötzlich in aller Munde. Die Banken mussten gerettet werden, weil sie »systemisch« sind. Damit ist gemeint, das gesamte Finanzsystem hänge an ihnen, und bräche eine systemische Bank zusammen, dann führe dies zum Kollaps des Systems.

Systemisches Denken bedeutet die Loslösung unseres Denkens von richtig und falsch, gut und böse, unschuldig und schuldig. In der Medizin bedeutet systemisch etwas, das den gesamten Organismus betrifft. Im systemischen Denken liegt also die Erkenntnis, dass Probleme aus grundlegenden Strukturen resultieren und nicht nur aus individuellen Fehlern oder bösen Absichten.

Tatsächlich wird Gier nicht mehr als persönliches Laster angesehen, sondern als etwas, das vom System gefördert wird. Aber es ist stets der Mensch, der handelt. Er schafft das System, das »Gier« durch andere, vermeintlich positive Begriffe ersetzt. Zunächst sprach man nur von »Interessen«, die das Handeln leiten, heute von »Profitmaximierung«, so als wären das Tugenden.

Als Chef der amerikanischen Bundesbank förderte Alan Greenspan durch seine Niedrigzinspolitik das System, mit dem gierige Menschen ungehemmt nach immer größeren Milliardengewinnen streben konnten. Und die Weigerung besonders amerikanischer und britischer Politiker, die internationalen Finanzströme zu regeln, schwächte all die Länder wie Deutschland und Frankreich, die nach der Finanzkrise die Moral gegenüber Lastern wie Geiz und Gier stärken wollten.

Ich wage zu behaupten, dass alle deutschen Bundesregierungen, gleichgültig welche Parteien daran beteiligt waren, unbewusst dazu beigetragen haben, dass die Gier des Individuums ein systemisches Problem geworden ist.

Jeder deutsche Steuerzahler, der auch nur ein bisschen Geld anlegen wollte, wurde mit Steuerabschreibungen gelockt – und wird es heute immer noch. Dabei haben viele Gierige Geld gewonnen, andere aber auch viel Geld verloren. Damit konnte, wer gewieft war, seine Steuerschuld auf null senken. Mir erzählte ein Bankmanager, er zahle seit langem keine Steuern mehr, obwohl er viel verdiene. Er nehme immer wieder Darlehen auf und investiere in das, was er »Abschreibungsmodelle« nannte. Nach zehn oder fünfzehn Jahren würde das Investment dann ausgezahlt, und er könne Darlehen zurückzahlen und neu in Steuersparmodelle investieren.

Diese Steuersparmodelle werden von der Regierung ganz bewusst gefördert. Wer etwa fünftausend Euro oder gar eine Million in eine Immobilie in Ostdeutschland oder in einem Medienfonds anlegte, wer Geld in ein Containerschiff, einen Airbus, ein Windkraftrad steckte, erhielt eine Steuergutschrift von fünfzig Prozent. Manche Steuersparmodelle sind inzwischen ausgelaufen, aber es werden immer wieder neue aufgelegt. Sich daran zu beteiligen kann man niemandem verübeln, der nur hofft, damit klug zu wirtschaften. Allerdings ist der Übergang zwischen clever anlegen und gierig investieren fließend.

Das Geld für die Anlage konnte man sich bei der Bank zu einem großen Teil leihen, sodass der Steuersparer das Darlehen auch zur Abschreibung nutzen konnte. Das nenne ich nicht Wirtschafts-, sondern Gierförderung. Zu diesem irrationalen Verhalten ließen sich viele Menschen verlocken. So haben auch zahlreiche Anleger in Immobilien im Osten Deutschlands investiert, die nichts einbrachten. Viele, auch prominente Bürger, haben dadurch Millionen verloren und zahlen die Darlehen, die sie für das Investment aufgenommen haben, immer noch ab.

Gibt man in einer Internetsuchmaschine das Wort »Medienfonds« ein, dann erscheinen als Allererstes eine Reihe von Werbeanzeigen spezialisierter Fachanwälte (Erstberatung 50 Euro). Denn viele Fonds haben nicht gehalten, was sie an Steuervorteilen versprachen. Jetzt kommen auf die Anleger, etwa bei einigen Medienfonds, Nachforderungen von acht bis zehn Milliarden Euro zu. Diese enormen Summen machen deutlich, wie viele Menschen sich auf die Versprechungen von Fondsmanagern verlassen haben. Und sie haben sich verlassen, weil sie an das System glaubten. Sie wurden Opfer ihrer Gier.

Aber diese Gier wird ja auch keineswegs verteufelt.

So sagte der FDP-Generalsekretär Christian Lindner im Juni 2011 in einem Interview mit der Welt am Sonntag: »Wir müssen verbreitete Vorurteile viel offensiver angehen … Und wenn du von der Gier sprichst: Ein Mensch, der gierig ist, mag unangenehm sein. Aber ein Unternehmen, das nicht mehr möglichst viel Gewinn machen will, das wäre DDR.« Im Klartext sagt Lindner: Die gierige Einzelperson ist »unangenehm«, das gierige Unternehmen aber klug.

Man braucht ja nur an einen Kiosk zu gehen und auf die Titel der Finanzblätter zu schauen: »Die besten Fonds der Welt, zehn Jahre lang zehn Prozent verdienen, mindestens«, wird da in großen Balkenüberschriften verkündet. Da niemand in die Zukunft sehen kann, ist diese Vorhersage eher grotesk. Doch der Anleger kauft das Blatt, in der Hoffnung auf einen sicheren Tipp. Und wird, wie häufig, nur geblufft.

Die Gier nach raschem Geld, so klagt Hans Küng, »hat in den vergangenen Jahrzehnten viele Menschen im Raum der Wirtschaft angetrieben, sich über elementare Gebote der Menschlichkeit hinwegzusetzen«. Und er verweist darauf, dass in großem Stil gelogen, betrogen, gestohlen und »falsches Zeugnis abgelegt« wurde. Das aber scheint zum Geschäft zu gehören. Denn wer nicht bewusst irreführt, wer nicht das Spiel vom Bluffen beherrscht, der wird nicht viel Geld oder

Macht anhäufen. So machte im Frühjahr 2011 ein Magazin »für erfolgreiche Selbständigkeit« mit der Titelgeschichte auf: »Du sollst lügen – blenden, bluffen, übertreiben – diese Tricks stehen in keinem Unternehmerhandbuch«, und im Inhaltsverzeichnis wird die Geschichte als kleine Sünde angekündigt: »Abgucken, blenden, schwindeln – alles Sünde, hat schon Oma gesagt. Nur: Wer immer brav ist, kommt vielleicht in den Himmel, aber meist nicht in die schwarzen Zahlen … Das machen alle. Ehrlich …«

Aber es ist unehrlich. Dass Bluffen trotzdem von vielen Unternehmern seit jeher als Teil der üblichen und akzeptablen Geschäftspraktiken angesehen wird, schilderte ganz nüchtern schon vor mehr als fünfzig Jahren in der Harvard Business Review der Autor Albert Z. Carr.

Der erklärte einem geachteten Geschäftsmann, man müsse im Wirtschaftsgeschehen bluffen, woraufhin der ihm verärgert antwortete: »Bluffen ist nur eine andere Art von Lügen.« Und stolz erklärte der Wirtschaftsboss, dass man in der Firma, deren Chef er sei, voller Stolz auf Ethik achte. In den dreißig Jahren, in denen er das Unternehmen leite, habe nie ein Kunde an seinem Wort gezweifelt oder die Zahlen überprüfen wollen: »Wir stehen treu zu unseren Kunden und sind gerecht gegenüber den Zulieferern. Ich betrachte einen Handschlag als Vertrag. Ich habe nie bei Preisabsprachen mitgemacht, habe nie meinen Vertretern erlaubt, böse Gerüchte über Wettbewerber in die Welt zu setzen. Unsere Tarifverträge sind die besten in der Branche. Und unsere ethischen Standards gehören zu den höchsten!«

Er war von dem, was er sagte, überzeugt. Aber dann hielt

ihm Carr entgegen, dass seine Produkte in der Werbung doch sehr viel besser dargestellt würden, als sie seien. Der Unternehmer hielt sogar ein besseres Produkt zurück, um ein schlechteres, im eigenen Haus billiger hergestelltes nicht in den Wettbewerb zu schicken. Schließlich hatte er sich mit einigen Wettbewerbern zusammengetan, um einen Lobbyisten zu bezahlen, der dafür sorgen sollte, dass ein Gesetz in ihrem Sinne verabschiedet würde. All das habe doch aber mit Ethik nichts zu tun, antwortete der Unternehmer, das seien normale Geschäftspraktiken.

Zu normalen Geschäftspraktiken gehört es, irrezuführen und zu lügen, sagte Carr, und das sei auch nicht zu beklagen, denn darüber wüssten doch alle Bescheid. Und wenn alle es wüssten, würden sie sich darauf einstellen. So wie beim Pokerspiel.

Aber auch beim Pokerspiel muss man Regeln einhalten.

Man darf täuschen, lügen, falsche Aussagen machen. Aber man darf keine zusätzlichen Karten im Ärmel verstecken, man darf die Mitspieler nicht durch Lärm oder Mädchen ablenken, man darf die Mitspieler nicht betrunken machen oder mit Drogen betäuben. »Niemand erwartet, dass Poker nach ethischen Prinzipien gespielt wird, so wie sie in der Kirche gepredigt werden«, stellte Carr nüchtern fest: »Verstöße gegen ethische Ideale der Gesellschaft sind üblich im Wirtschaftsleben, aber das sind nicht notwendigerweise Verstöße gegen Geschäftsprinzipien.«

Und die Geschäftsprinzipien lauten wie im Pokerspiel: Um zu gewinnen, muss ein Mann auf Gewinn setzen. Je größer sein Ansehen als integrer, ehrlicher und anständiger Kaufmann sei, so Albert Z. Carr, desto größer seien seine Siegeschancen auf lange Sicht. Denn dann wirke der Bluff am besten. Später könne er dann wie der alte John D. Rockefeller in der Sonntagsschule vor den Kindern in der Kirche sagen: »God gave me my money – Gott gab mir mein Geld.«

Kavaliersdelikt: Bestechung

Aus Gangsterfilmen wissen wir, dass irgendwer wütend den Colt zieht und um sich schießt, wenn rauskommt, dass jemand beim Pokern mit gezinkten Karten spielt. Es gibt immer jemanden, der seinem Glück nachhelfen will, beim Poker genauso wie in der Wirtschaft. Wem es wichtig ist, der spielt mit falschen Karten, indem er andere besticht, seien es Entscheider in der Politik oder in der Wirtschaft.

Jemanden zu bestechen ist in den meisten Ländern der Welt per Gesetz verboten, das aber hindert nur wenige daran, es nicht zu tun. Jeder vierte Mitarbeiter deutscher Unternehmen hält es für gerechtfertigt, ein Geschäft mit Hilfe von Schmiergeldern zu befördern, ergab eine Umfrage der Wirtschaftsprüfungsgesellschaft Ernst & Young. Und wenn sich schon 25 Prozent der Befragten offen zur Bestechung bekennen, »dann müssen wir zusätzlich mit einer erheblichen Dunkelziffer rechnen«, sagt Stefan Heißler, der die Befragung leitete. Weltweit entstehen dadurch jährlich Schäden von einer Billion Dollar, sagt die Weltbank.

Wer Bestechung akzeptiert und damit gegen gesetzliche und ethische Regeln verstößt, benutzt zur eigenen Beruhigung Hilfsargumente genauso wie der Steuerbetrüger: Man muss sich ja von den Gesetzen und Vorschriften, von der

»Überregulierung«, freikaufen können. Korruption ist doch nur eine andere Form des Marketings. Offenbar, so klagte kürzlich jemand, der mit diesem Thema vertraut ist, hat Korruption selbst in der deutschen Wirtschaft ein besseres Image als Korruptionsprävention.

Zwischen dem öffentlichen Bannstrahl gegen Korruption und der versteckten Duldung durch Politik und Gesellschaft klafft eine riesige Lücke. So haben die Vereinten Nationen eine Konvention gegen Korruption ausgearbeitet, die auch von 140 Staaten ratifiziert wurde und 2005 in Kraft trat.

Von den G-20-Ländern haben nur Deutschland, Indien, Japan und Saudi-Arabien die internationale Ächtung der Korruption noch nicht ratifiziert. Im Deutschen Bundestag sperren sich besonders Politiker aus Union und FDP gegen eine Verschärfung des deutschen Gesetzes zur Verfolgung von Bestechung und Bestechlichkeit von Abgeordneten.

Dabei werden jetzt schon jedes Jahr Straftaten bekannt, die unter das Delikt der Abgeordnetenbestechung fallen. 2008 waren es acht und 2009 waren es neun Abgeordnete aus dem Kommunalbereich, die ihre Stimme gegen Geld verkauften. Das hat es immer wieder gegeben. Und manchmal wird dafür sehr viel Geld bezahlt. Ein CDU-Abgeordneter des Landtags von Schleswig-Holstein, gleichzeitig Bauunternehmer, erhielt zum Beispiel von einem Unternehmen, das Müllverbrennungsanlagen herstellte, eine Million Mark, damit er für die Einführung dieser speziellen Anlagen stimmte. Er tat es und versteuerte brav die Million. Das fiel allerdings auf, und als die Sendung Monitor darüber berichtete, musste er alle politischen Ämter niederlegen.

Im Frühjahr 2011 wurde auch das Europaparlament von einem Korruptionsskandal erschüttert. Der ehemalige österreichische Innenminister Ernst Strasser, inzwischen Europaabgeordneter der konservativen Österreichischen Volkspartei, erklärte gegenüber Journalisten, die sich als Lobbyisten getarnt hatten, er könne für 100 000 Euro im Jahr Einfluss auf die Gesetzgebung ausüben. Die Journalisten übermittelten ihm daraufhin einen Änderungsvorschlag für ein EU-Gesetz zum Anlagerecht, und Strasser setzte sich bei seinen Fraktionskollegen tatsächlich dafür ein, den Vorschlag im Parlament einzubringen. Auch die ehemaligen rumänischen und slowenischen Außenminister gingen als EU-Abgeordnete auf ähnliche Angebote ein.

Internationale Wirtschaftsverbände begrüßen zwar die UNO-Konvention gegen Korruption, doch dann klagen sie, dass kein Land sich verpflichte, mit seiner Unterschrift zu entsprechenden Gesetzesänderungen das Zuschanzen von Geldern oder anderen Vorteilen als Belohnung für rechtswidrige oder pflichtwidrige Handlungen im Geschäftsleben unter Strafe zu stellen. »Wenn die Länder die Vorschrift in verschiedener Form umsetzen, dann führt das zu gewaltigen internationalen Unterschieden. Für Unternehmen bedeutet das auch ein erhöhtes Maß an Unsicherheit«, sagt Julian Kassum von der Internationalen Handelskammer in Paris. Und zusätzlich stellt sich die Frage, ob die Umsetzung der Konvention in den einzelnen Staaten auch überprüft würde.

In deutschen Amtsstuben wurde Korruption jahrzehntelang tabuisiert, klagt der einst als Korruptionsjäger bekannt gewordene Staatsanwalt Wolfgang Schaupensteiner: »Korruption gibt es nur dort, wo sie entdeckt wird … Die mit unzureichenden personellen Kapazitäten der Staatsanwaltschaften aufgedeckten, quantitativ gering erscheinenden Fälle werden benutzt, um das Problem herunterzuspielen. Das Dunkelfeld ist jedoch erheblich.« Verwaltung und Wirtschaft stehen einer energischen Bekämpfung von Bestechung immer noch kritisch und ablehnend gegenüber. Deshalb wird das Thema als Kavaliersdelikt verharmlost. Wer einer alten Frau am Bahnhof die Handtasche entreißt, kommt schneller in die Bild-Zeitung und wird eher von der Gesellschaft geächtet, als ein Unternehmer, der großen Schaden anrichtet, indem er Millionen Euro als Bestechungsgeld zahlt.

Kommissar Hans Brendel hat sein Leben lang in München gegen Korruption gekämpft. Mit seinen Ermittlungen hat er den Weltkonzern Siemens in die Bredouille gebracht. Aber auch er erlebte konkret, wie Korruption von Staats wegen gedeckt wird, wie der Journalist Stephan Lebert in einem Dossier der Zeit schilderte.

Eher zufällig meldete sich der Fahrer eines Betonmischwagens bei Kommissar Brendel und erzählte ihm, dass er jeden Tag Beton zur Baustelle des neuen Münchener Olympiastadions fahre, aber dort dürfe er nur die Hälfte abladen, den Rest müsse er zu einer privaten Baustelle liefern. Dem Fahrer wie auch dem Kommissar kam die Geschichte nicht koscher vor. Die Sache landete auf dem Tisch eines Staatsanwalts, aber es geschah nichts. Als der Kommissar nachfragte, wurde er von einem Vorgesetzten regelrecht »zusammengeschissen«. Was ihn das angehe, ob er nichts Besseres zu tun habe. Außerdem, sagte der Chef noch, könne man doch jetzt nicht den Bau des großen Olympiastadions behindern. Diese Ausrede hat der Kommissar später in anderen Bestechungsfällen immer wieder gehört.

In der Baubranche gilt Bestechung als notwendig, um Genehmigungen von Behörden oder öffentliche Aufträge zu erhalten. Zwar haben große Unternehmen dieses Wirtschaftszweiges sich auch schon mal edel gezeigt und ein »Gemeinsames Statement« unterschrieben, worin sie Korruption und Preisabsprachen als »kein zulässiges Mittel der Geschäftstätigkeit« verurteilten. Doch kaum war diese Erklärung unterzeichnet, verhafteten Staatsanwälte in München Mitarbeiter derselben Firmen, die das Statement unterzeichnet hatten, wegen aktiver Bestechung.

Deutschland liegt im Korruptionsregister von Transparency International, einem Verein, der international Korruption bekämpft, auf einem der besseren Plätze. Tatsächlich gehört Deutschland nicht zu den Ländern, in denen man einen Geldschein in den Pass legen muss, um ungeprüft durch den Zoll gehen zu können, oder wo man aus Gewohnheit einen Geldschein im Führerschein versteckt, für den Fall, dass man einen Fehler macht und kontrolliert wird.

Und doch ist Deutschland ein Land, in dem die versteckte Korruption ganze Branchen erfasst hat.

Die Erfahrung zeigt, dass mindestens zehn Prozent eines jeden Rüstungsauftrags als Bestechung in den Preis eingerechnet sind. Ich selber habe einmal einen Fall recherchiert, in dem Saudi-Arabien von einer deutschen Werft zwei

Schnellboote für insgesamt 100 Millionen Mark bestellte. Genau zehn Prozent, also zehn Millionen Mark, liefen auf die Schweizer Konten von Mitarbeitern des saudi-arabischen Verteidigungsministeriums. Ein Informant hatte mir die Unterlagen zugespielt, aus denen jeder Name und jedes Nummernkonto in der Schweiz ersichtlich war. Dumm gelaufen! Und es läuft häufig dumm, weil Korruption nie für immer zu vertuschen ist.

Schaut man sich etwa das Panzergeschäft von Thyssen an, das dem ehemaligen Staatssekretär im Verteidigungsministerium, Holger Pfahls, eine Bestechungssumme von 3,8 Millionen einbrachte, dann fragt man sich, wer außerdem noch geschmiert wurde. Die Augsburger Staatsanwaltschaft, die mit der Affäre befasst war, stellte fest, dass die Saudis 446 Millionen Mark für die Panzer zahlten, obwohl sie nur die Hälfte wert waren. Die andere Hälfte, ganze 220 Millionen Mark, flossen als Bestechungsgelder. Welch ungeheuerliche Summe aus nur einem einzigen Rüstungsgeschäft! Eine Million aus der schwarzen Kasse übergab der Waffenhändler Karlheinz Schreiber dem damaligen Schatzmeister der CDU Walther Leisler Kiep bar in einem Koffer auf dem Parkplatz eines Supermarktes in Sankt Margarethen in der Schweiz. Der Verkauf der Panzer war kurz ins Stocken geraten, daraufhin hatte Schreiber sich an Kiep gewandt, und schon wenige Tage später waren alle Probleme wohl über eine Intervention Kieps im Kanzleramt, wo Helmut Kohl saß, beseitigt. Immer wieder sind politische Parteien, meist jene, die regieren, an solchen Geschäften beteiligt, so ist es in Deutschland, noch sehr viel ausgeprägter in Frankreich, besonders häufig aber in den Bestellerländern.

In der Bauwirtschaft werden mindestens fünf Prozent, bei Bauunterhaltungsmaßnamen bis zu 25 Prozent als Gegenleistung für bevorzugte Auftragsvergaben gezahlt. Auch im Speditionswesen, in der Werbeindustrie oder der Immobilienwirtschaft, im Druckgewerbe und vielen anderen Branchen ist das Bestechungsunwesen weit verbreitet.

Nach einer Umfrage von Forsa haben – hochgerechnet – 150 000 kleine oder mittelständische Unternehmen schon einmal diese Form des Marketings benutzt, um einen Auftrag zu bekommen. Jeder siebte Unternehmer gibt zu, mindestens einmal bestochen zu haben. Und alle halten das, was sie tun, für ein notwendiges Übel. »Man muss was tun, wenn man arbeiten will«, so zitiert Staatsanwalt Wolfgang Schaupensteiner einen Unternehmer, der zugab, jahrelang Sachbearbeiter des kommunalen Bauamtes bezahlt zu haben.

Bestechungsfälle aus der Großindustrie stehen jeden Tag in den Zeitungen. Besonders betroffen war eine Zeit lang Siemens, ein Weltunternehmen, das ins Visier der amerikanischen Börsenaufsicht SEC geriet. Siemens hatte eine eigene Schmiergeldbank in der Schweiz gegründet, um Zahlungen unauffällig verteilen zu können. Ein ehemaliger Mitarbeiter von Siemens erzählte mir, wie er vorging, um Aufträge für den Bau von Kraftwerken im Osten zu erhalten. Er ging in München zur Firmenkasse und ließ sich einen Koffer mit einer halben Million Dollar in bar füllen. Anders, so sagte er, ginge es nicht. Die Süddeutsche Zeitung hat ausgerechnet, dass Siemens in den vergangenen Jahrzehnten insgesamt 1,3 Milliarden Euro für »Landschaftspflege« – wie man Korruption gern verniedlichend nennt – aufgewendet hat. Und Siemens ist nur ein Beispiel von vielen. Ins Visier der Ermittler kamen auch so namhafte Unternehmen wie Deutsche Bank, Dresdner Bank, WestLB, Veba-Konzern, Borsig, Mannesmann, SAP, Daimler, Bilfinger & Berger, Hochtief. Damit hört die Liste aber nicht auf.

Besonders krank ist unser Gesundheitssystem. Nach Ansicht von Transparency Deutschland beläuft sich der durch Betrug und Korruption angerichtete Schaden auf bis zu 20 Milliarden Euro. Eine ungeheure Summe, wenn man bedenkt, dass die jährlichen Gesamtausgaben der Branche bei etwa 240 Milliarden Euro liegen. Aber auch hier wird fast nur jeder vierzigste Fall angezeigt, so der Kriminologe Professor Bernd-Dieter Meier. Das betrifft nicht nur Ärzte, sondern auch deren »Beziehungen« zu anderen Leistungsbringern, wie etwa den Sanitätshäusern.

Der Hörgeräteakustiker Johannes Brenninger aus Bad Homburg brachte einmal im Quartal einem Hals-Nasen-Ohren-Arzt einen Briefumschlag, in dem zwischen 50 und 100 Euro pro Hörgerät lagen, für das der Arzt ein Rezept ausgestellt hatte. Irgendwann wurde es Brenniger zu viel, und er stellte die Zahlungen ein. Daraufhin überwies der Arzt seine Patienten zur Konkurrenz. Die Korruption fiel auf, als eine resolute Patientin sich nicht zu einem anderen Akustiker als Brenninger schicken lassen wollte und die Staatsanwaltschaft auf den Fall hinwies.

In Oberhausen wurden Patienten »regelrecht verkauft und Fangprämien für Ärzte von Kliniken« ausgelobt, so der Wirtschaftskriminalist Uwe Dolata. Dort boten die katholischen Kirchen niedergelassenen Ärzten eine »Zuweisungsprovision« an für die Einweisung von Patienten in ein katholisches Krankenhaus. Die Ärzte klagten, und das Gericht erklärte das kirchliche »Angebot« für rechtswidrig.

Korruption ist im Gesundheitswesen besonders verbreitet, weil Ärzte und Pharmaunternehmen nicht angeklagt werden können. Und das aus einem ganz simplen Grund: Im deutschen Strafgesetzbuch fehlt der entsprechende Straftatbestand.

Als zum Beispiel das Pharmaunternehmen Ratiopharm 2005 beschuldigt wurde, Ärzte zu bestechen, eröffnete die Staatsanwaltschaft Ulm dreitausend Ermittlungsverfahren. Doch eins nach dem anderen wurde eingestellt, weil die zuständigen Staatsanwälte der Meinung waren, ein niedergelassener Arzt als Freiberufler könne sich wegen der Annahme von Schmiergeld nicht strafbar machen. Sie übergaben die Fälle den zuständigen Landesärztekammern.

In der Berufsordnung für Ärzte heißt es zwar, es sei nicht gestattet, für die Verordnung von Arzneimitteln eine Vergütung oder Vorteile zu fordern oder anzunehmen, doch davon halten Ärztevertreter nichts.

Frank-Ulrich Montgomery, damals Vizepräsident der Bundesärztekammer, erklärte in der ARD-Sendung »Hart aber fair«, weil die bestochenen Ärzte sich nicht strafbar gemacht hätten, sei es ein »ganz normales, natürliches Verhalten«, sich etwas geben – also sich bestechen zu lassen.

Diese Aussage müsste unter den vielen ehrlichen Ärzten einen Aufschrei des Entsetzens auslösen.

Jeder Einkäufer eines Kaufhauses, jeder Angestellte eines Unternehmens kann wegen Bestechung und Bestechlichkeit zur Verantwortung gezogen werden, niedergelassene Ärzte aber nicht. Das deutsche Strafrecht ist zu milde! Kommissar Uwe Dolata fordert deshalb: »Wir brauchen dringend eine reformierte Antikorruptionsgesetzgebung.« In anderen Ländern, wie in England und den USA, ist längst ein eigenes Unternehmens-Strafrecht eingeführt worden.

Weil aber in Deutschland der Gesetzgeber – und das sind die Abgeordneten der politischen Parteien in den Parlamenten – keine juristischen Konsequenzen zieht, braucht sich die Pharmaindustrie vor Polizei oder Staatsanwaltschaft nicht zu fürchten. Dolata: »Die Pharmaindustrie hat ein Netzwerk der Korruption über Deutschland ausgeworfen.«

Manche Pharmaunternehmen schicken ihre Vertreter zu Ärzten, laden sie zum Essen ein oder zu Fortbildungsveranstaltungen oder schenken ihnen Opernkarten. Sie schaffen Abhängigkeiten, und wenn der Arzt dann deren Produkte verschreibt, steigt der Gewinn des Unternehmens. In der internen Dienstanweisung eines Pharmaherstellers heißt es: »Abgabe an Urologen nur, wenn nachweislich (Kontrolle in der Apotheke/Direktbestellungen) Verordnungen erfolgt sind.« Dazu schauen Außendienstmitarbeiter in die Ärztecomputer, ob die Zuwendungen auch Früchte trugen und wie viele Präparate zusätzlich verordnet wurden. Einige Ärzte machten bereitwillig mit – und kassierten. Etwa neunzig Prozent der Fortbildungen der Ärzte sind von der Pharmaindustrie gesponsert. Und diese Fortbildungen fanden dann auch schon mal in Mexiko, Paris oder Rom statt – mit sehr vielen Freizeitangeboten.

Auch die Politik wird von der Pharmabranche in ihre »Geschäfte« eingebunden. Cornelia Yzer, ehemalige Staatssekretärin des Bundesministeriums für Bildung, Forschung und Technologie, war bis zum Sommer 2011 fünfzehn Jahre lang Hauptgeschäftsführerin des Verbandes Forschender Arzneimittelhersteller. Sie wurde aus politischen Gründen weggelobt. In Wahrheit wurde ihr von der Pharmaindustrie vorgeworfen, sie habe die Politik der schwarz-gelben Regierung nach der Wahl 2009 falsch eingeschätzt. Yzer meinte wohl, es würden für die Pharmaunternehmen noch goldenere Zeiten anbrechen. Stattdessen reformierte FDP-Gesundheitsminister Philipp Rösler den Markt für Medikamente grundsätzlich eher zugunsten der Krankenkassen. Auf Cornelia Yzer folgte im Juli 2011 die ehemalige SPD-Gesundheitsministerin aus Nordrhein-Westfalen Birgit Fischer. Der Wechsel trug der SPD viel Häme ein, weil die Partei der Union und der FDP Klientelpolitik zugunsten der Pharmaindustrie vorwarf. »Das ist für Sozialdemokraten doch in etwa so, als würde ein Grüner zur Atomlobby wechseln«, ätzte gegenüber der Financial Times Deutschland der gesundheitspolitische Sprecher der Unionsfraktion im Bundestag, Jens Spahn.

Weltweit sind die Kranken, ehrliche Ärzte und die sich für sie einsetzenden Politiker machtlos gegen die Pharmaindustrie, einer Branche, die in manchen Ländern heute schon im Umsatz an erster Stelle steht, noch vor der Autoindustrie – so auch in Deutschland. Arzneimittel retten Leben. Manche Pharmaunternehmen engagieren sich bewusst sozial, um nicht von diesem negativen Image betroffen zu werden. Doch scheinen sie die Ausnahme zu sein. Denn es geht um Milliardengewinne, und die kommen häufig auf dubiose Art und Weise zustande.

Im Deutschen Ärzteblatt wehrten sich Mediziner gegen ein Marketing, das die Patienten in Gefahr bringen kann – durch manipulierte Studien über die Wirkung von Medikamenten. Der Arzt David Klemperer von der Hochschule Regensburg schreibt: »Marketing geht vor Evidenz, Umsatz vor Sicherheit … Und alle großen Pharmafirmen sind beteiligt.« In Studien, die die Pharmaindustrie bezahlt, werden die Ergebnisse verzerrt und zurechtgebogen. Als besonderen Fall erwähnt Klemperer das Schmerzmittel Vioxx von Merck & Co, das nach Schätzung von Experten zu mehr als 160 000 Herzinfarkten und Schlaganfällen führte, bis es 2004 vom Markt genommen wurde. »Durch manipulative Auswertung und selektive Weitergabe von Daten hat der Hersteller der Öffentlichkeit das Wissen um die Schädlichkeit vorenthalten.«

Der Wissenschaftler Wolf-Dieter Ludwig, Vorsitzender der Arzneimittelkommission der Deutschen Ärzteschaft, kritisiert, dass mit frisierten Studien ethische Prinzipien verletzt würden. Denn klinische Studien über die Wirkung von Medikamenten werden ja betrieben, »wenn Ärzte unsicher sind, welche Therapiealternative von größerem Nutzen ist«. Hält die Pharmaindustrie aber Daten zurück oder verdreht sie, werden die Ärzte getäuscht und bringen Patienten möglicherweise in Gefahr.

Inzwischen organisieren sich einige Mediziner, um sich gegen die Werbung der Pharmaindustrie zu immunisieren. So berichtet der Direktor der Klinik für Psychiatrie in Mainz,

Klaus Lieb, er habe früher jedes Jahr mehr als zehntausend Euro nebenbei von der Pharmaindustrie erhalten – von seinem Arbeitnehmer genehmigte Nebentätigkeiten. Doch dann bemerkte er, in welche Abhängigkeit er geriet. »Ich machte mich plötzlich für ein Medikament stark, obwohl ich das eigentlich gar nicht so gut fand«, sagte Lieb im Spiegel. »Ich stellte fest, dass ich nicht mehr frei und unabhängig bin.«

Lieb erklärte öffentlich, er wolle keinen Cent mehr von pharmazeutischen Firmen annehmen und engagiert sich stattdessen in dem Verein Mezis. Das ist die Abkürzung für »Mein Essen zahl' ich selbst«. Die Mitglieder von Mezis kämpfen gegen Korruption in der Medizin. Sie wollen keine Pharmavertreter mehr in ihre Praxen lassen. Und der neue Marketingleitsatz des Pharmakonzerns Astra-Zeneca lautet: Nur noch die Qualität der Medikamente solle künftig für Ärzte der Anreiz sein, sie zu verschreiben. Da bleibt die Frage offen, wie es denn bisher üblich war?

In einem Marketingdokument zur Einführung eines neuen Medikaments namens Zyprexa durch den US-Pharmakonzern Eli Lilly war im Juli 2001 zu lesen: »Wenn unser Managementteam erfolgreich ist, werden wir Geschichte schreiben und mit Zyprexa weltweit einen neuen Standard für die Markteinführung und Kommerzialisierung eines Medikaments setzen.« Das Arzneimittel wurde in der Psychiatrie eingesetzt. Der US-Pharmakonzern verschwieg jedoch gravierende Nebenwirkungen. Die Sache flog durch eine Veröffentlichung auf, und Eli Lilly musste mehrere Milliarden an Schadensersatz zahlen. Richard Blumenthal, der öffentliche Ankläger gegen den Pharmakonzern, stellte im März

2008 fest: »Mit Hilfe eines illegal organisierten Netzwerks und Lügen gelang es Eli Lilly, ein milliardenschweres Medikamentengeschäft mit Zyprexa aufzuziehen – auf Kosten von Patientenleben und Steuerzahlern. Getrieben von Habgier, begann Eli Lilly, Ärzte, Apotheker und öffentliche Beamte zu korrumpieren – die mitspielten und sich bereicherten.«

Im schlimmsten Fall nimmt die Pharmaindustrie auch den Tod von Menschen in Kauf, Hauptsache, sie erwerben vorher das Medikament. So beschäftigt seit zwei Jahren ein Arzneimittelskandal auch die französische Politik. 1976 brachte der Pharmakonzern Servier das Medikament Mediator für übergewichtige Diabetiker auf den Markt. Wegen seiner appetithemmenden Wirkung wurde es schnell auch Gesunden zum Abnehmen verschrieben. In Deutschland wurde Mediator nie zugelassen, in Spanien 2003 verboten. In Frankreich erschienen 1997 die ersten Warnungen, weil es möglicherweise Todesfälle gegeben habe. Doch es vergingen zehn Jahre, bevor sich die französischen Behörden zu einem Verbot durchringen konnten. Im Januar 2011 berichtete das französische Gesundheitsministerium endlich, man gehe inzwischen von bis zu zweitausend Todesfällen aus, verursacht durch dieses Medikament. Der inzwischen 88-jährige Gründer und Patron des Konzerns, Jacques Servier, sieht keinen Fehler: »Die Ärzte stehen hinter uns.«

Französische Medien kritisieren die zuständigen Behörden in Paris heftig und nennen sie »Vasallen der Pharmaindustrie«, weil die Staatssekretärin im Gesundheitsministerium in Paris, Nora Berra, vor ihrem Beamtenjob für drei verschiedene Pharmakonzerne gearbeitet hat. Und selbst Nicolas Sarkozy hat lange Zeit Servier als Anwalt vertreten. Anlässlich des Präsidentschaftswahlkampfes 2007 zeigte sich die Firma als Geldgeber der UMP, der Partei von Sarkozy, erkenntlich. Und Sarkozy, einmal Präsident, zeichnete daraufhin den Parteispender und Pharmaunternehmer Jacques Servier mit dem Großkreuz der Ehrenlegion aus. Eine besondere, ja eine ungewöhnliche Ehre, da das Großkreuz nur ganz selten und dann meist an Regierungschefs oder Staatsoberhäupter befreundeter Länder verliehen wird.

Gier ist ein systemisches Problem, das wiederhole ich ganz bewusst noch einmal. Denn in einer Gesellschaft, von der dieses Laster nicht in seine Schranken gewiesen wird, hat das Streben nach Geld den unbedingten Vorrang. Nicht Moral bestimmt dann das richtige Handeln, sondern das bedingungslose Anhäufen von Zaster. Und dieser einseitige Trieb ist nach Ansicht vieler Wissenschaftler auch absolut richtig. Die Begründung dafür ist äußerst merkwürdig: »Märkte sind«, so der Soziologe und Wirtschaftswissenschaftler Professor Fritz B. Simon, »dumm, ungerecht und moralfrei, denn sie verfolgen keine eigenen Ziele. Wirtschaft funktioniert vollkommen unabhängig von den guten oder bösen Absichten und Motiven ihrer Teilnehmer.« Das ist schlicht Unsinn. Auch ein Auto ist dumm, ungerecht und moralfrei, es verfolgt keine eigenen Ziele. Vielleicht ist es auch auf dem letzten Stand der Technik und sieht hervorragend lackiert aus. Aber das Auto fährt keinen Schritt, wenn der Verkehrsteilnehmer es nicht anlässt. Und wie es sich dann im Verkehr benimmt, das hängt nur von den guten oder bösen Absichten oder Motiven des Fahrers ab.

Das System an sich ist schuld! Mit dieser Ausrede kann man sich immer aus der Verantwortung stehlen. Aber schuld sind zuerst einmal diejenigen, die in Politik, Wissenschaft und Öffentlichkeit Moral als Handlungsrichtlinie verdammen. Denn Moral, so behauptet der eine oder andere Neoliberale, gefährde die Freiheit. Handlungsfreiheit also für den ethisch unabhängigen Pharmaunternehmer, der ein Diabetikermedikament auf den Markt bringt, an dessen Folgen zweitausend Menschen sterben?

Bleiben wir bei dem Beispiel Auto. Der Fahrer hat keine absolute Handlungsfreiheit, in völliger ethischer Unabhängigkeit durch den Verkehr zu fahren. Überall stehen Gebots- und Verbotsschilder. Leitplanken beschränken die Straße. So dienen auch ethische Regeln, moralische Werte und Tugenden in der Gesellschaft als Leitplanken. Nicht das Geld, sondern die Moral sollte unser Verhalten steuern.

Wenn ganze Branchen korrupt sind, dann müssen entsprechende gesetzliche Regelungen geschaffen werden, um Bestechung vonseiten der Anbieter gesetzlich verfolgen und moralisch diskreditieren zu können. Die medizinischen Standesorganisationen dürfen Bestechung nicht als »üblich« dulden, und der Staat muss zur Kontrolle der gesetzlichen Regelungen und zur Strafverfolgung bei Verstößen besonders geschulte Polizisten und Schwerpunktstaatsanwaltschaften einsetzen. Kulanz, so der Wirtschaftskriminalist Uwe Dolata, darf es bei der Verfolgung von Korruption nicht länger geben.

Die Gier ist aber auch deswegen systemisch, weil der Staat kulant ist. Die Oberstaatsanwältin Cornelia Gädigk aus Hamburg sagt, gerade Verfahren, die diesen Bereich »Korruption im Gesundheitswesen« betreffen, zeigten doch sehr schnell die Grenzen auf, die dadurch entstehen, dass es zu wenige Straftatbestände in den Gesetzesbüchern gebe, und zu wenig geschultes Personal bei der Kriminalpolizei und den Staatsanwaltschaften, um die Korruption zu bekämpfen.

Zwar versucht der Gesundheitsexperte der SPD Karl Lauterbach, ein Antikorruptionsgesetz für medizinische Belange im Bundestag einzubringen. Er fordert, Ärzte sollten verpflichtet werden, Einkünfte aus der Pharmaindustrie zu veröffentlichen. Und Pharmaunternehmen müssten bekannt geben, an welche Ärzte sie Honorare gezahlt haben. In den USA gibt es längst ein solches Gesetz. Aber es ist fraglich, ob Lauterbach im Deutschen Bundestag dafür eine Mehrheit bekommen wird.

Je mehr sich eine Gesellschaft ausschließlich den Regeln des Marktes unterwirft, desto stärker wächst die Kriminalität. Das Rechtsbewusstsein droht bei vielen Menschen, die im Wirtschaftsleben handeln, nach dem Motto zu schwinden: Redet Geld, schweigt die Welt.

Schmiergeld international

»Um die Welt mittels Demokratie zu einem besseren Ort zu machen, soll Korruption international geächtet werden.« Mit diesem Satz begründeten die USA ihren Einsatz für eine UNO-Konvention gegen weltweite Bestechung. Die Worte klingen moralisch korrekt und von ethischen Vorstellungen geleitet. Und als hegemonialem Akteur gelang es der Regierung in Washington auch, die Internationalisierung von Anti-Korruptionsbeschlüssen durchzusetzen. In Wirklichkeit aber ging es den USA um Marktanteile und Macht.

Anfang der neunziger Jahre stiegen mit der zunehmenden Globalisierung die ausländischen Direktinvestitionen überall in der Welt an. Und die USA wollten sich dabei ihren Anteil am internationalen Geschäftsverkehr sichern. So setzten sie ihren Geheimdienst CIA auf die wichtigsten Wettbewerber der anderen Industrienationen – ihre eigenen Bündnispartner – an, um herauszufinden, wie sie vielen amerikanischen Firmen Aufträge abnahmen. 1995 wurde dem Senat ein Bericht mit den Informationen der CIA vorgelegt, wonach US-Firmen jährlich Aufträge in Höhe von 50 Milliarden Dollar entgingen, weil Konkurrenten aus anderen Ländern die ausländischen Entscheidungsträger bestochen hätten.

In jenen Jahren war Bestechung im Ausland weltweit

üblich und erlaubt. In Deutschland konnten Firmen wie Siemens, Daimler etc. die Gelder, die sie in der ganzen Welt für Korruption ausgaben, beim Finanzamt als »nützliche Ausgaben« absetzen. Aber auf Druck der USA beschlossen UNO, Weltbank, IWF und dann auch der Europarat Konventionen gegen Korruption. Die deutsche Gesetzgebung zog auf Drängen der USA nach, sodass ab 1998 verboten wurde, was vorher sogar offen in der Steuererklärung angegeben worden war. Und die USA beauftragen ihre Börsenaufsicht SEC, alle Unternehmen der Welt, deren Aktien in den USA gehandelt wurden, unter die Lupe zu nehmen. So kamen Siemens und Daimler in die Bredouille. Doch trotz vieler internationaler Abkommen tun sich nicht nur »Bananenrepubliken« schwer mit der Bekämpfung von Schmiergeldzahlungen, auch in der Europäischen Union sind sie gang und gäbe.

Als die Finanzkrise dann 2010 Griechenland erreichte, musste Ministerpräsident Giorgos Papandreou nicht nur gegen die Wirtschaftskrise ankämpfen, sondern auch gegen die grassierende Korruption in seinem Land. »Der Währungsfonds hat keine Schuld. Die haben wir allein, weil hier jahrzehntelang eine Politik der Verschwendung betrieben wurde«, sagte er. »Gelder sind ins bodenlose Fass der Korruption gefallen, Milliarden sind verschwunden, im schwarzen Loch der Korruption.« Einige Millionen hatte Siemens in dieses »schwarze Loch« gezahlt und wurde, als alles aufflog, dafür belangt. Korruption ist aber nicht nur in Griechenland ein Problem, wie Transparency International feststellte. In Rumänien und Ungarn waren in den vergangenen zwölf Monaten Bestechungsgelder zwischen 20 und 30 Prozent vom Auftragsvolumen, wie die Befragten angaben, gezahlt worden, zwischen sechs und 20 Prozent waren es in Frankreich, Polen oder Bulgarien, weniger als sechs Prozent in Deutschland.

Der Siemens-Mitarbeiter, der mir erzählte, er habe mit Koffern voller Bargeld im Osten für Aufträge zum Bau von Kraftwerken geworben, wusste auch über das Gebaren der amerikanischen Konkurrenz Bescheid. Die US-Firmen zahlten kein Schmiergeld. Stattdessen boten sie für die Tochter eines entscheidenden Beamten unter anderem eine Green Card, eine Arbeitsgenehmigung in den USA, an und für seinen Sohn ein Stipendium für die Eliteuniversität MIT. Solche Angebote sind manchmal mehr wert als Geld. Zuweilen reicht aber auch das nicht aus. Dann kommen die Diplomaten direkt ins Spiel. Und dank der Lektüre der von Wikileaks veröffentlichen Telegramme amerikanischer Botschaften wissen wir inzwischen, dass amerikanische Diplomaten eine große Bedeutung als kommerzielle Verkäufer haben, etwa wenn es darum geht, eine Entscheidung zwischen Boeing oder Airbus zum Vorteil des US-Unternehmens zu beeinflussen. Denn da geht es manchmal um Beträge von mehr als zehn Milliarden Dollar.

Das State Department rechnet vor, dass jeder Auftrag über eine Milliarde Dollar sich in schätzungsweise elftausend amerikanische Arbeitsplätze umrechnen lässt. So stand im Jahr 2006 Saudi-Arabien vor der Frage, ob es mehr als drei Milliarden Dollar für zwölf Flugzeuge und die Option für zehn weitere bei Boeing ausgeben sollte – oder doch lieber bei Airbus. US-Diplomaten bemühten sich, als aber nichts half, wurde Israel Hernandez, ein hoher Beamter aus dem amerikanischen Handelsministerium, mit einem persönlichen Brief von Präsident George W. Bush nach Jidda zu König Abdullah geschickt. In seiner Epistel forderte Bush den König auf, bis zu 43 Boeing-Jets zu kaufen, um die Saudi Arabian Airlines zu modernisieren, und 13 weitere Jets für die königliche Saudi-Flotte, die Mitgliedern der großen königlichen Familie zur Verfügung steht.

Der König las den Brief von George W. Bush flink und, so das Telegramm des State Departments, merkte an, er würde die Boeing-Jets bevorzugen. Er habe gerade das Angebot von Airbus über zwei brandneue Flugzeuge für seine private Nutzung abgelehnt, da er eher zu einem kaum gebrauchten Boeing-Jumbo tendiere. Aber bevor er sich für die Boeing-Flotte entscheide, habe er eine besondere Bitte.

»Ich gebe Ihnen den Auftrag«, sagte Abdullah dann zu seinem Besucher Israel Hernandez vom US-Handelsministerium, »mit dem Präsidenten und allen betroffenen Behörden zu sprechen«, denn er, als König von Saudi-Arabien, wolle in seinem privaten Jumbo »die gesamte Technologie haben wie sein Freund, Präsident Bush, in der Air Force One«. Sobald er sein eigenes »Hightech«-Flugzeug habe, mit der fortschrittlichsten Telekommunikation und Verteidigungsausrüstung, dann werde er – so Gott will – eine Entscheidung treffen, die »Ihnen sehr gefallen wird«.

Und Gott wollte, das es so geschah.

In einem ähnlichen Fall forderte Scheich Hasina, Premierministerin von Bangladesch, Landerechte für den Kennedy-Airport in New York: »Wenn wir New York nicht anfliegen können, was für einen Sinn macht es dann, Boeing zu kaufen?« Der Kauf fand statt.

Schwieriger zu erfüllen waren die Forderungen des türkischen Verkehrsministers Binali Yilderim, der dem US-Botschafter in der Türkei James F. Jeffrey bei einem Treffen im Januar 2010 sagte, der türkische Präsident hätte gern amerikanische Hilfe für das eigene Weltraumprogramm und für die Verbesserung der Sicherheitssysteme im Luftraum. Auch dieser Vertrag kam für Boeing zustande.

Gegen Jahresende 2007 entschied sich der Vorstand von Gulf Air, der nationalen Fluglinie von Bahrain, für einen großen Auftrag mit Airbus, die ihre Flugzeuge 400 Millionen Dollar günstiger anboten als Boeing. Die Regierung von Bahrain hatte den Auftrag aber noch nicht abgesegnet. Daraufhin setzte der amerikanische Botschafter alle Hebel in Bewegung und schlug dem Kronprinzen von Bahrain vor, dass ein Vertrag mit Boeing bei einem Staatsbesuch von Präsident Bush in Bahrain unterzeichnet werden könne. Bisher hatte noch nie ein amtierender Präsident der USA dieses kleine Scheichtum im Golf besucht. Vierzehn Tage später meldete die amerikanische Botschaft den Chefs von Boeing, der Kronprinz und der König von Bahrain hätten den Auftrag an Airbus zurückgewiesen. Als Airbus davon erfuhr, wurde der französische Staatspräsident Nicolas Sarkozy mobilisiert. Er bot an, nach dem Besuch von George W. Bush in Bahrain vorbeizuschauen und dort einen Vertrag mit Airbus zu unterzeichnen. Aber das Treffen mit Sarkozy wurde wieder abgesagt, als während des Aufenthalts von George W. Bush der Boeing-Vertrag unterschrieben wurde. Als dieser Fakt im Januar 2008 bekannt wurde, stieg der Aktienkurs von Boeing an der Börse rasant.

Während die USA als westliche Hegemonialmacht verhindern wollen, dass Wettbewerber aus Industrieländern den amerikanischen Unternehmen Aufträge mit Hilfe von Korruption abnehmen, setzt die Regierung gleichzeitig finanzielle Mittel ein, um politischen Einfluss in der Welt zu kaufen und fördert damit in vielen Ländern korrupte Systeme. An erster Stelle stehen da Afghanistan und Pakistan, doch lassen wir diese Länder wegen ihrer besonderen politischen Lage einmal beiseite. Ägypten aber erhielt seit 1979 jährlich eine Militärhilfe von 1,3 Milliarden Dollar als Belohnung für die Einwilligung in das Abkommen von Camp David und die Unterzeichnung des Friedensvertrags mit Israel. Ein großer Teil dieses Geldes ging an amerikanische Waffenhersteller und entlastete damit den Haushalt der ägyptischen Regierung. Neben Panzern und Flugzeugen bestellten die ägyptischen Militärs als Würdenträger der Regierung auch neun Gulfstream-Jets für ihre private Nutzung. Für 333 Millionen Dollar! Das war nicht vorgesehen. Aber die verärgerten Beamten im Pentagon konnten es nicht verhindern. Die amerikanischen Steuerzahler zahlten jährlich zehn Millionen Dollar, um diesen Luxus der ägyptischen Machthaber zu finanzieren.

Ein amerikanischer Oberst, der von 2006 bis 2008 an der amerikanischen Botschaft in Kairo stationiert war, schilderte der International Herald Tribune, dass Staatschef Mubarak ein Korruptionssystem eingerichtet habe, aus dem für die höchsten Generäle der einzelnen Waffengattungen regelmäßig Bargeld floss. Ägyptens Militär zog den Amerikanern regelrecht die Hosen aus. Alle zwei Jahre veranstaltete das US-Militär ein gemeinsames Manöver mit der ägyptischen Armee. Die vermietete jedes Möbelstück, das sie den Amerikanern für die Übung zur Verfügung stellte. »Fünfzig Cent für einen Stuhl«, erinnerte sich der US-Oberst. »Eins fünfzig für einen Tisch. Wir fanden die Kosten ziemlich hoch.«

Vierzig Kilometer außerhalb von Kairo liegt an einer mit Palmen gesäumten Zufahrt das International Medical Center, das die US-Regierung errichten ließ, um ägyptische Soldaten zu behandeln. In Wahrheit aber war es ein rein kommerzielles Unternehmen, das auf seiner Website eine prunkvoll möblierte königliche Suite für internationale Patienten anbot. Um ihren politischen Einfluss zu mehren und um die eigene Waffenindustrie im Geschäft zu halten, überwiesen die USA also jährlich Milliardensummen, mit denen Machthaber ihre korrupten Systeme aufbauen.

Die UNO-Konvention gegen Korruption wird korrupten Machthabern erst zum Verhängnis, wenn das Volk sie aus dem Amt jagt. Die Konten von Hosni Mubarak, Ben Ali und Muamar Gaddafi wurden in den USA, in der Europäischen Union, in der Schweiz im Februar 2011 gesperrt, als die Diktatoren politisch zu nichts mehr nütze waren. Die Antikorruptions-Konvention schreibt vor, Konten von Spitzenpolitikern einzufrieren, wenn der Verdacht besteht, ihr Vermögen beruhe nicht auf ehrlicher Arbeit. Mubarak zum Beispiel erhielt als Staatspräsident ein monatliches Gehalt von etwa 800 Dollar. Wie konnte er da ungeprüft und ungehindert Milliarden ansammeln? Und was für Mubarak und Ben Ali galt, das gilt für die meisten Potentaten in Afrika und viele in Asien.

In der Korruptions-Konvention der UNO, aber auch im Kampf gegen die Geldwäsche wird gefordert, Listen über

Konten von »Politically Exposed Persons« – politisch exponierten Personen (PEP) – zu führen und zu kontrollieren, ob das dort angelegte Geld nicht aus zweifelhaften Quellen stammt. Doch diese Regeln werden kaum angewandt. Die Banken freuen sich über die Gelder, die ihnen auch manchmal verbleiben, wenn ein Diktator an die Wand gestellt wird und niemand Anspruch auf das Konto erhebt.

Die meisten Regierungen, auch die deutsche, wollen es sich mit den korrupten Diktatoren nicht verderben, die wirtschaftlichen Interessen sind ihnen eminent wichtig.

Zwar haben die meisten Staaten die UNO-Konvention unterschrieben, doch von 124 überprüften Ländern halten sich 61 Prozent nicht an die darin geforderten Maßnahmen. Gerichte prüfen nicht, Bankenaufseher drücken die Augen zu, Strafmaßnahmen gegen PEP wegen Korruption oder gar Geldwäsche sind nie vorgekommen.

Als Musterschüler im Rahmen der UN-Konvention gegen Korruption verhält sich, zum Erstaunen vieler, die Schweiz. Sie hat sogar eigene Gesetze eingeführt oder verschärft, um es Diktatoren zu erschweren, an ihr Geld zu kommen, sobald es einmal eingefroren worden ist.

Peinlich aber ist das Verhalten Frankreichs. Erst durch die Klage von zwei NGOs (Non-Governmental Organization) wurde in Paris ein Verfahren gegen die Staatschefs dreier ehemaliger Kolonien eingeleitet: Omar Bongo, bis zu seinem Tod Präsident von Gabun, Denis Sassou-Nguesso, Chef der Republik Kongo, und Theodoro Obiang aus Äquatorialguinea. Aber die Gerichte zeigten sich widerborstig. Warum?

»Die Antwort ist einfach: Öl«, so zitiert das SZ-Magazin die Anwältin Maud Pedriele-Vaissaière von der Organisation Sherpa, die gegen Korruption kämpft. Die Diktatoren unterhielten enge Beziehungen zum französischen Ölkonzern Elf-Aquitaine, einer Schmiergeldzentrale.

Sicher wird es schwer sein, Korruption in der ganzen Welt zu unterbinden. Zu unterschiedlich sind die politischen Strukturen, zu leicht fällt es Machthabern von autoritären Regimen, sich zu bereichern. »Sinnvoll wäre es in einem ersten Schritt, sich darauf zu verständigen, die Umsetzung der Antikorruptions-Konvention der UNO kontinuierlich zu überprüfen«, sagt Tobias Bayer, Schweizkorrespondent der FTD. »Im Herbst 2009 wurde in Doha eine Peer-Review beschlossen. Sie sollte rasch und effizient realisiert werden. Wer hier schlecht abschneidet, sollte öffentlichkeitswirksam gebrandmarkt werden. Eine entsprechende schwarze Liste könnte eine Methode sein, um Sünder zur Besserung zu zwingen.«

Nach dem Motto: Gauner muss man Gauner nennen.

In den Finanzzentren, besonders in der Karibik, in Asien, auf den Britischen Inseln, müssen Banken und auch Aufsichtsbehören mit harten Strafmaßnahmen gezwungen werden, die Regeln durchzusetzen. Kleptokraten dürfen sich nirgendwo mehr sicher fühlen.

Parallelwelt der Banker

»Was ist der Unterschied zwischen Kapitalismus und Kommunismus?«, fragt die französische Finanzministerin Christine Lagarde ihren deutschen Kollegen Peer Steinbrück während der Finanzkrise. Er schaut sie neugierig an. Lagarde: »Im Kommunismus werden die Banken verstaatlicht und gehen daraufhin pleite. Im Kapitalismus gehen die Banken pleite und werden dann verstaatlicht.«

Der Zusammenbruch des kommunistischen Systems war für die Menschen ein Segen. Völker wurden befreit, die stets präsente Gefahr eines Atom-Weltkrieges schwand. Aber mancher interpretierte das Scheitern dieses Systems auch als Sieg des Kapitalismus, der nun von vielen Zwängen befreit sei. Bald schon entwickelte sich die sogenannte »Kasino-Mentalität«. Der Begriff »Kasino-Kapitalismus« stammt von dem Nobelpreisträger John Maynard Keynes, der ihn schon in den dreißiger Jahren des letzten Jahrhunderts prägte. Damit meinte er die ungehemmte Spekulation an der Börse. Seitdem hat sich dieser Begriff bei denen durchgesetzt, die stärkere Regulierungen im Finanzsektor fordern. Allerdings schreibt die ehemalige Bankerin Susanne Schmidt (Tochter von Altbundeskanzler Helmut Schmidt) in ihrem Buch »Markt ohne

Moral«, der Vergleich hinke ein wenig, »denn im Kasino spielt man mit dem eigenen Geld, nicht mit dem fremder Leute. Spieler können dort Haus und Hof verzocken, sich um Kopf und Kragen bringen. Sie tun das, weil sie süchtig sind.« Aber auch Banker[*] seien abhängig. Ihre Sucht komme von der steten Angst, man könnte weniger Geld machen als der Konkurrent. Schließlich aber gehe es wie beim Roulette um »das bange Hoffen auf den nächsten Tag, wenn ich heute falschgelegen habe: neues Spiel, neues Glück! Letztlich mündet alles in dem Bonus, und der kann ebenfalls süchtig machen.«

Die Finanzkrise, die mit dem Zusammenbruch der Investmentbank Lehmans im September 2008 drohte, die ganze Welt in einen Strudel zu reißen, ist inzwischen von allen Seiten analysiert und beschrieben worden. Frei von jeglicher Kontrolle erfanden Banken immer neue Produkte, wie es in der Finanzsprache heißt, die Beamte von Aufsichtsbehörden nicht mehr verstanden. »Die Banker verstanden selber nicht mehr, was sie machten«, sagte Helmut Schmidt sogar.

Besonders in London, in New York, aber auch in Deutschland handelten immer mehr Banker nur noch nach eigenem Gutdünken. Und möglicherweise handelten viele »in gutem Glauben«. Sie folgten ja nur den von ihrer Welt entwickelten Gewohnheiten. Dabei übersahen sie die von der Gesellschaft vorgegebenen gesetzlichen und erst recht ethischen Regeln. Und mit ihrer Distanz zum wirklichen Leben ging »eine

---

[*] Wenn hier von Bankern gesprochen wird, so ist damit kein Kollektiv gemeint, sondern ein Typ, dem Personen aus dem Bankbereich mehr oder weniger entsprechen.

seltsame Amoralität einher«, so Susanne Schmidt. »Notabene: Amoral, nicht Unmoral! Es interessiert in der Finanzwelt einfach nicht, wie man von den Normalmenschen wahrgenommen wird.«

Tatsächlich verlor so manch einer in der Finanzwelt den Sinn für die Wirklichkeit, weil die Banker begannen, unter dem Tunnelblick zu leiden. Getrieben von dem Ziel, immer mehr Gewinn zu machen, beschäftigten sie sich ausschließlich mit den Märkten und dem, was die Märkte bewegt. An erster Stelle aber mit dem, was die Märkte hergeben. Ihre Welt und deren Regeln waren für sie absoluter Maßstab. Vielleicht wurden sie auch hochmütig wegen der ungeheuerlichen Summen, mit denen sie handelten. Was war dagegen schon ein kleiner Staat? Als Lehman Brothers pleiteging, hinterließ die Bank 660 Milliarden Dollar Schulden. Das war mehr als doppelt so viel wie das jährliche Bruttosozialprodukt von Österreich.

Banker haben bei ihren Kasino-Einsätzen die vom Gesetz geforderte Sorgfalt oft nicht beachtet, obwohl sie nicht mit dem eigenen Geld spielten, sondern das ihrer Kunden verzockten. Aus Gewinnsucht. Das aber ist etwa Landesbanken in Deutschland nicht erlaubt. Sie dürfen nur Geschäfte machen, die einem öffentlichen Zweck dienen. »Das schließt ein reines Gewinnstreben aus«, sagt Marcus Lutter, Sprecher des Zentrums für Europäisches Wirtschaftsrecht an der Universität Bonn. So hat auch das Sächsische Verfassungsgericht festgestellt: »Die Betätigung der SachsenLB auf den Kapitalmärkten war von ihren gesetzlichen Aufgaben nicht mehr gedeckt.«

Es ist selten, dass ein Gericht sich so weit vorwagt. Der Anwalt Gerhard Strate hat gegen die BayernLB und die HSH Nordbank Klage erhoben, weil die dortigen Vorstände mit leichtsinnigen Kreditgeschäften Bankvermögen veruntreut hätten. »In Deutschland müssen Menschen wegen Lappalien ins Gefängnis«, so Strate in der Süddeutschen Zeitung. »Bei einer Bank wie der HSH Nordbank werden mit windigen Geschäften Milliarden verspekuliert und nichts geschieht.« Vielleicht habe die vielerorts praktizierte Zurückhaltung der Gerichte auch damit zu tun, »dass die Dimensionen, in denen vor allem Großbanken Geld verzockt haben, das Maß des Vorstellbaren sprengen«.

Als der Zusammenbruch des gesamten Finanzsystems auch in Deutschland drohte, musste der Staat, die Bundesregierung, Hilfe leisten. Doch weder die deutschen noch die internationalen Vertreter der Banken verstanden, wie Politik funktioniert. Damit hatten sie bisher nie etwas zu tun, sie hatten Politiker höchstens angefasst, wenn es nicht anders ging – und dann auch nur mit der Kneifzange.

»In manchen Fällen haben sie der Politik und ihren Protagonisten auch Geringschätzung entgegengebracht; in den Augen mancher Banker galten Politiker ganz offensichtlich als unfähig, ineffizient, verschnarcht und opportunistisch«, schreibt der ehemalige Finanzminister Peer Steinbrück. Die Finanzkrise sieht er als das Ergebnis einer »besonderen beruflichen Sozialisation und der Abschottung in einer Parallelwelt auf höchstem Niveau« an. Auch Steinbrück wirft Bankern »asoziales und amoralisches Verhalten vor« und sagt: »Unser

Gesellschafts- und Wirtschaftssystem wird nicht von den linken oder rechten Rändern bedroht, sondern eher von einigen seiner Protagonisten.«

Wer aber so hochmütig ist, seine Parallelwelt für die einzig gültige zu halten, keine Ahnung hat von Politik und gesellschaftlichen Vorgängen und deshalb auch keine Rücksicht nimmt, handelt im Großen so wie im Kleinen, nämlich mit Missachtung gegenüber den Menschen. Sie glauben, die Sucht nach immer mehr, also die Gier, erlaube ihnen, die Wahrheit zu verdrehen und sich mit krimineller Energie eigene Gesetze zu schaffen. Kriminelle Energie? Klingt das nicht allzu hart, übertrieben und gar maßlos? Leider nicht, denn die Tatsachen, die in den Urteilen von deutschen Gerichten festgehalten sind, belegen es.

Wie zerstörerisch es sich auf die Gesellschaft auswirkt, wenn eine Gruppe sich in eine Parallelwelt absondert, können die Bürger fast jeden Tag erleben – zu ihrem eigenen Schaden. Denn ethische Werte und Tugenden wirken nur dann, wenn die Gesamtheit der Mitglieder einer Gemeinschaft sie einhält. Wer meint, er stehe über der Gemeinschaft, für ihn gälten ethische Regeln nicht, er könne sich seine eigenen Werte schaffen, der handelt »amoralisch«, wenn nicht gar »unmoralisch«. Dieses unsoziale Verhalten darf eine Gemeinschaft nicht hinnehmen. Sie muss den Angehörigen der Parallelwelt Einhalt gebieten mit sozialer Ächtung und staatlichen Vorschriften.

In der Parallelwelt der Finanz kennt man den Begriff »Vorspiegelung falscher Tatsachen« nicht, sondern nennt dies häufig »Beratung«. In der wirklichen Welt ist dieses Verhalten nicht selten ein Straftatbestand, nämlich Betrug. Das stellen Gerichte inzwischen immer häufiger fest, wenn sie von Betrogenen um Hilfe gebeten werden.

Jeder Mensch braucht in der modernen Welt Hilfe. Kann er seinen Abfluss nicht mehr selbst reparieren, holt er den Klempner. Bleibt der Strom weg, kommt der Elektriker. Wird er krank, geht er zum Arzt.

Hat er Geld geerbt oder gespart, sucht er einen Berater. Entweder bei der Bank oder bei einem Finanzdienstleister. Berater bei der Bank hatten einst ein so hohes Ansehen, dass man noch heute häufig vom Bankbeamten spricht. Ein Beamter ist, in der allgemeinen Wahrnehmung, ein äußerst seriöser, selbstloser, unbestechlicher Mensch. Von einem Finanzdienstleister, glaubt der Kunde, werde er noch unabhängiger beraten, als von einem »Bankbeamten« – mit einem besseren Ergebnis. Denn der Finanzdienstleister scheint ja völlig unabhängig von Banken zu sein.

Den Klempner, den Elektriker, den Arzt kennt man aus Erfahrung. Wenn man aber seine Erfahrung mit dem Bankbeamten oder Finanzdienstleister gemacht hat, ist es meist für Einsprüche zu spät. Bekannt sind die Vorwürfe gegen den Finanzdienstleister AWD, einst gegründet von Carsten Maschmeyer, der damit zu einem der reichsten Deutschen wurde. Tausende von Menschen verloren ihr Geld, während der AWD und seine Mitarbeiter extrem hohe Provisionen einsteckten. Der eine oder andere Anleger hat dann auch geklagt, denn ein Berater, der einem Anleger falsche Tatsachen vorspiegelt oder wahre Tatsachen unterdrückt, erfüllt den Straftatbestand des Betrugs.

Wie solch ein Betrug am ausgetricksten Kunden funktioniert, berichtete das ZDF-Magazin Frontal 21.

Die Deutsche Kreditbank finanzierte jahrelang Schrottimmobilien. Sie ist eine Tochter der Bayerischen Landesbank, mit der ein Kunde äußerste Ernsthaftigkeit verbindet, da sie ja quasi staatlich ist und in ihren Gremien seriöse Personen wie etwa der bayerische Finanzminister oder Ministerialbeamte des Finanzministeriums München sitzen.

Dieser Deutschen Kreditbank ging es aber nicht um ein seriöses Geschäft, sondern darum, Geld ohne Rücksicht auf die Kreditwürdigkeit des Kunden zu verleihen. So kaufte die gelernte Krankenschwester Sabine Barnstorf eine 41 Quadratmeter große Wohnung in Berlin mit einem Darlehen der Bank. Sie bekam ohne Probleme 81 000 Euro Kredit, weil die Wohnung eine sichere Kapitalanlage sei und sich selber tragen würde. Der Berater erklärte, was sie an Steuern spare und an Miete einnehme, decke alle Kosten. Die Beratung war falsch, aber sie verlockte die Krankenschwester, den Vertrag zu unterschreiben. Auf diese Weise erhielt die Bank einen Darlehensvertrag und der Vermittler seine Provision. Wie es Sabine Barnstorf mit der Abzahlung des Kredits erging, war beiden völlig gleichgültig.

Die Wirklichkeit holte die junge Frau aber bald ein. Sie muss für das Darlehen monatlich 150 Euro mehr abzahlen, was für eine Krankenschwester mit einem Monatsgehalt von 1500 Euro netto nicht zu leisten ist. Ein ehemaliger Mitarbeiter der Deutschen Kreditbank sagte: »Wir haben Kredite an Leute vergeben, die anderswo niemals durchgegangen wären. Am Anfang habe ich auf diese Risiken hingewiesen. Doch das wollte in der Geschäftsführung niemand hören. Ich schätze, 40 bis 50 Prozent der Kredite wären von anderen Banken nicht genehmigt worden. In den meisten Fällen waren doch die Einkommen viel zu niedrig.«

Viele der Wohnungen wurden zu völlig überteuerten Preisen verkauft, manchmal zum Doppelten oder gar mehr des Verkehrswertes. Und warum waren die Immobilien so teuer? Wegen der horrenden Provisionen. Für eine 127 000 Euro teure Wohnung kassierte der Vermittler 29 000 Euro Vermittlungsgebühr. Und die Bank wusste davon. Nach einem internen Papier finanzierte die DKB allein in den Jahren 2007 und 2008 für rund 9,6 Milliarden Euro private Immobilien. Nun klagen die ersten Anleger gegen die Bank. Die Gerichte werden die Betrüger aus ihrer Parallelwelt in die Wirklichkeit zurückholen.

Vor einer »zweiten Finanzkrise« warnte der Rechtsanwalt der Deutschen Bank Reiner Hall, als er mit Sorge vernahm, dass der Bundesgerichtshof die Deutsche Bank wegen eines undurchschaubaren Geschäfts mit dem Finanzprodukt SWAP zu verurteilen drohte. Die Bank wurde trotzdem zur Rechenschaft gezogen, die zweite Finanzkrise blieb aus. Aber die gesamte Branche, es waren auch Commerzbank, WestLB, HypoVereinsbank, LBBV, sogar manche Sparkassen und viele ausländische Banken an SWAP-Geschäften beteiligt, wird möglicherweise bis zu einer Milliarde Euro zurückzahlen müssen, wenn es zu Klagen kommen sollte.

Die Banken hatten sich so etwas wie eine Wette gegen ihre Kunden ausgedacht, dies aber gegenüber den Investoren mit dem Namen SWAP verschleiert. Um das Geschäft für den Kunden attraktiv zu machen, sicherte die Bank einen gewissen Gewinn im ersten Jahr fest zu. Danach konnte der Verlust der Kunden unbeschränkt hoch sein – und es entstanden ihnen Schäden von hunderten Millionen Euro.

Die Bank konnte nur gewinnen, wenn der Kunde verlor. So kennt man es ja auch aus dem Spielkasino. Und weil der Bankgewinn und der Verlust der Kunden spiegelbildlich waren, so der Vorsitzende Richter beim BGH, fehlte der Bank der Anreiz, die Wahrheit zu sagen. Aber die Gier war bei den Wettpartnern offensichtlich doch zu groß. 200 Städte und kommunale Unternehmen gingen die Wette ein. Bürgermeister und Stadtkämmerer hofften so, ihre Schulden in den Griff zu bekommen. Doch sie waren heillos überfordert, weil sie nicht verstanden, was da gespielt wurde. Trotzdem wurden sie von einzelnen Landesregierungen ermutigt, solche Investments einzugehen. Mitarbeiter der Kämmereien gingen sogar auf Seminare, die allerdings meist von den Banken selbst veranstaltet wurden. Bei der Stadt Pforzheim führten diese Anlagen zu einem Verlust von 56 Millionen Euro. Aber auch Privatleute wurden geprellt. Die HypoVereinsbank etwa empfahl einem Radiologen eine Wette auf die Entwicklung von mexikanischem Peso und südafrikanischem Rand. Nach zwei Jahren hatte der Arzt 220 000 Euro verloren.

Ein Mittelständler, der gegen den Marktführer Deutsche Bank auf Schadenersatz von 540 000 Euro klagte, erhielt vom BGH recht.

Die Richter des BGH haben den sich in ihrer Parallelwelt sicher fühlenden Bankern mit diesem Urteil die Regeln der

Gemeinschaft klargemacht: Der Kunde müsse, wenn er solch eine Wette abschließe, nach Ende der Beratung den gleichen Kenntnisstand wie die Bank haben. Aber wenn der Kunde weiß, dass die Wette immer zugunsten der Bank ausgeht, wird er das Geschäft nicht mehr abschließen.

Ein Anwalt von Betroffenen nannte das Urteil einen »Meilenstein auf dem Weg zu einem Kulturwandel in der Bankberatung«. Und er sagte, die Finanzaufsicht BaFin müsse sich fragen lassen, ob sie nicht versagt habe, indem sie solche Geschäfte zugelassen habe. Sie sollte zumindest jetzt Sonderermittlungen durchführen, um festzustellen, ob die Banken ihre Kunden systematisch benachteiligt haben. Die Grenzen der Profitgier seien jetzt gezogen, schrieb Wolfgang Janisch in seinem Kommentar in der SZ.

Haben Banken und Sparkassen ihre Kunden in den letzten Jahren systematisch um insgesamt rund 21 Milliarden Euro betrogen? Diese Frage ergibt sich aus einem Urteil des Oberlandesgerichts Stuttgart vom März 2011. Eine Frau hatte im Jahr 2000 zu Zeiten der Internetblase bei der Tübinger Kreissparkasse einen Deka-Aktienfonds im Wert von rund 23 000 Euro gezeichnet. Die Sparkasse erhielt dafür eine Provision von etwa 800 Euro, was sie der Kundin verschwieg. Das war damals so üblich, »wirft aber Fragen der Strafbarkeit auf«, so steht es in der Urteilsbegründung des OLG Stuttgart. Und Rechtsanwalt Alexander Heinrich, der die Klägerin vertrat, stellt fest: »Erstmals sprechen damit OLG-Richter von naheliegendem kriminellen Verhalten einer Bank, wenn sie Provisionen verschweigt und dem Kunden unterschlägt.« Im

Prinzip gelte dieses Urteil für alle Fondskäufe aller Banken in den letzten dreißig Jahren, weil in Deutschland fast immer Provisionen hinter dem Rücken des Kunden geflossen sind. Und in Deutschland haben Sparer rund siebenhundert Milliarden Euro in Fonds investiert. Bei einer Provision von drei Prozent ergibt dies die stolze Summe von 21 Milliarden Euro, die im Falle einer gerichtlichen Verurteilung von den Banken zurückgezahlt werden müsste. Aber auch Versicherer kassieren bei den Kunden häufig mehrfach ab. Und schließlich treiben Finanzberater unerfahrene Anleger in abenteuerliche Geschäfte, nur weil sie an ihre Provision denken.

Jana S. zum Beispiel erbte im Jahr 2002 von ihren Eltern 92000 Euro. Das Geld wollte sie für das Studium ihrer Kinder anlegen. Der von ihr angesprochene Finanzberater empfahl ihr einen Fonds mit dem Namen K 1. Der versprach Traumrenditen von 17 Prozent. Gut, mag man sagen, solch einen Abschluss tätigt nur der Gierige. Denn jeder vernünftige Mensch sollte wissen: Solche Renditen sind nicht zu erreichen. Aber Jana S. kannte den Berater schon lange und hielt ihn für einen ehrlichen Menschen. Den Fonds K 1 betrieb der Psychologe Helmut Kiener aus seinem Privathaus und zahlte wie der Betrüger Madhoff die Rendite aus dem Geld neuer Anleger. Erstaunlicherweise erhielt der Betreiber des Schneeballsystems Millionen Summen von Großbanken wie BNP Paribas, Barclays und Bear Stearns. Heute steht er vor Gericht. Und viele Millionen sind futsch. Darunter auch die 92000 Euro von Jana S.

Geldwäscher

Geldwäsche ist verboten. Denn Geld, das gewaschen werden soll, stammt immer aus kriminellen Geschäften. Seien es Drogen, damit werden jährlich etwa tausend Milliarden Dollar umgesetzt, sei es Korruption, sei es Steuerbetrug, seien es Menschen- oder Waffenhandel, die noch einmal mindestens tausend Milliarden generieren. Diese Milliarden Dollar Schwarzgeld werden dennoch von den großen internationalen Banken gewaschen.

Er nannte sich Robert Musella. In Tampa, Florida, spielte er den Geldwäscher. Seine Kunden waren Drogenbosse, die hunderte Millionen Dollar unterbringen wollten. Auf einem Foto, das man sich im Internet ansehen kann, steht der kleine bärtige Mann neben dem Piloten seines Privatjets, mit dem er Drogenbosse nach New York flog, um sie einzulullen und ihnen vorzugaukeln, dass er ein wirklich großer Gangster ist. In Wirklichkeit hieß der bärtige Geldwäscher Bob Mazur, war nach dem Studium zur Steuerfahndung gegangen und landete schließlich als Agent bei der DEA, der amerikanischen Drogenfahndung. Als Undercoveragent legte er sich eine neue Identität zu, wie in einem Hollywood-Thriller. Und George Clooney hat die Geschichte von Bob Mazur, die der in seinem Buch »The Infiltrator« beschreibt, inzwischen auch gekauft. Nun hofft Mazur, dass Clooney auch die Hauptrolle spielt. Wenn wir den Film dann in den Kinos sehen, werden wir wahrscheinlich an einen genialen Plot glauben, einen hervorragenden Drehbuchautor und können uns nicht vorstellen, dass es sich um eine wahre Geschichte handelt.

Undercoveragent Robert Musellas Arbeit führte zur Verhaftung von achtzig Drogenhändlern und Bankern. Auf Grund seiner Ermittlungen musste die damals siebtgrößte Privatbank der Welt, die Bank of Credit and Commerce International mit Filialen in über siebzig Ländern der Welt und zwanzigtausend Mitarbeitern, schließen. Er hatte sie als Geldwaschanlage enttarnt. Daraufhin setzten die Drogenbosse ein Kopfgeld von 500000 Dollar auf Musella-Mazur aus, sodass er mit seiner Familie untertauchen und sich eine neue Identität schaffen musste. Heute klagt er darüber, dass die Regierungen zwar Drogenkartelle bekämpfen, aber zu wenig Interesse zeigen, gegen Banken vorzugehen, die das Drogengeld waschen.

»Wir wissen«, so Mazur in einem Gespräch mit der SZ, »dass die amerikanische Großbank Wachovia 400 Milliarden Dollar aus Mexiko über ihre Konten geschleust hat: 14 Milliarden davon haben die in kleinen Scheinen per Lastwagen über die Grenze gefahren! Wachovia hat dafür kürzlich eine halbe Milliarde Dollar Strafe gezahlt, aber niemand musste in den Knast.«

14 Milliarden Dollar in kleinen Scheinen wiegen so viel wie etwa 725 Tonnen Papier. Um die zu transportieren, benötigt man vierzig große Panzerwagen.

Solche Summen lassen sich nicht mehr in kleinen, dubiosen Fonds in der Karibik, auf Zypern oder den Britischen Inseln verstecken, sondern nur in London, in der Schweiz, in Monaco oder in Singapur anlegen. »Es wird immer klarer, dass große Geldinstitute am Versteckspiel beteiligt sind«, so der Schwarzgeldfahnder Mark Pieth, ein Schweizer Strafrechtsprofessor, der sich im Namen der UNO und der OECD mit Geldwäsche befasst. Und tatsächlich mussten die Banken ABN Amro, Crédit Suisse, Barclays, UBS, American Express, BankAtlantic jeweils mehrere hundert Millionen Dollar Strafe zahlen, weil sie die Herkunft von Milliarden Dollar nicht nachweisen konnten. Banken dürfen Geld nur annehmen, wenn sie zweifelsfrei davon ausgehen können, dass die Einzahlungen nicht aus einer illegalen Quelle stammen. »Schon bei dem leisesten Verdacht müssen sie Alarm schlagen«, sagt Mark Pieth. »Diese Regeln gelten weltweit, aber sie werden auch weltweit ignoriert.«

Im Internet können hilflose Schwarzgeldbesitzer auch das Angebot von Hans-Peter Holbach, dem Herausgeber von Geldbrief, lesen: »Tatsache ist, Schwarzgeld haben viele. Zu Hause oder bei Banken in Luxemburg, Dänemark, Belgien, Liechtenstein, Österreich, der Schweiz etc. Und kaum einer hat deshalb ein Unrechtsbewusstsein … Dabei ist es ganz einfach, Schwarzgeld ›weißzuwaschen‹. Legal. Sogar ohne Selbstanzeige. Ohne Amnestie. Ohne Nachsteuer. Ohne kriminelle Folgen. Diese clevere Lösung erfahren Sie in meiner neuesten vertraulichen Informationsmappe ›Die Schwarzgeld Falle‹. Und sonst nirgends!«

Diese Broschüre kostet Geld. Aber man braucht sie nicht.

Es reicht der Gang zur Sparkasse, und schon erhält man die notwendigen Informationen. Journalisten von Frontal 21 wollten herausfinden, ob man in Baden-Baden Schwarzgeld waschen kann. Dort haben auffällig viele Russen teuerste Villen gekauft. Und dafür auch schon mal Preise von ein oder zwei Millionen bar bezahlt. Wie das gehen kann, erkundeten die Journalisten mit versteckter Kamera bei einer Immobilientochter der Sparkasse Baden-Baden Gaggenau. Der Geschäftsführer erklärte sofort den Weg: »Also, Leute kommen schon mit hohen Summen zu uns, aber die fliegen das Geld mit Privatflugzeugen rein, anders geht das gar nicht. Da wird nicht ganz so ernsthaft kontrolliert. Wir hatten diese Woche allein vier Russen, die mit Privatflugzeugen rein sind. Und heute ist erst Dienstag! Aber am besten zahlen Sie Ihr Bargeld auf einer Bank in Russland ein, da ist alles etwas einfacher. Danach überweisen Sie das Geld zu uns, und dann haben wir keine Probleme. Denn Russland zählt inzwischen zu den weißen Staaten.« Damit meint er die weiße Liste der Organisation für Wirtschaftliche Zusammenarbeit und Entwicklung (OECD). Die Staaten der weißen Liste tauschen Informationen aus, um Steuerflucht zu vereiteln.

Den Banken in Deutschland wird das Leben in ihrer Parallelwelt leicht gemacht. Es gibt zu wenig Kontrolle, zu wenig staatliche Regeln, zu wenig Strafen. So leitete jüngst die EU-Kommission gegen Deutschland ein Verfahren ein, weil europäische Geldwäsche-Standards nicht eingehalten werden. Und Prüfer der OECD stellten in einem Bericht fest, dass die wegen Geldwäsche verhängten Strafen gering und kaum abschreckend seien. Außerdem sei die Zahl der Ermittlungen äußerst niedrig.

Es reicht, nur einen etwas genaueren Blick in die Zeitungen zu werfen, um sich fast täglich über die kriminellen Machenschaften der Herren aus der Parallelwelt zu informieren – und zu ärgern. Schwindel und Betrug gehören dort zum Alltag wie beim Pokerspiel. Und ohne Bank geht es häufig nicht.

Die Spekulanten des Kasinokapitalismus haben mit ihrem Rückzug in die von ihnen beherrschte Parallelwelt einen ethischen Störfall ausgelöst. In ihrer Welt gilt nur eine Regel, nach der sie ihr Verhalten richten. Wahrscheinlich würden sie diese egoistische Regel sogar lachend eine Tugend nennen, so als handele es sich um einen ethischen Wert. Ganz kurz heißt ihr Gebot auf Englisch: »I.B.G.Y.B.G.« I'll be gone, you'll be gone. Das bedeutet: Lass uns jetzt unseren Deal machen, egal auf welchem Weg. Denn wenn die Folgen spürbar werden, sind wir beide nicht mehr da.

Zwei Maßnahmenpakete müssen deshalb umgesetzt werden, um zu verhindern, dass Banker mit ihrem Verhalten weiterhin dem Gemeinwohl der Gesellschaft schaden.

- Erstens müssen wir starke Vorschriften als »Verkehrsregeln für die Finanzmärkte« (so Peer Steinbrück) aufstellen.
- Zweitens muss Moral wieder als Lenkungskraft gestärkt werden, um so bei der Regulierung der Banken wirksam zu werden.

Welche Regeln die Finanzmärkte in Zukunft lenken sollten, darin stimmen die meisten Kritiker überein. Grundsätzlich verbiete ein stabiler Kapitalismus die Spekulation, weil sie viel Schaden stiftet, schreibt der renommierte Autor Roger de Weck in seinem Buch »Nach der Krise. Gibt es einen anderen Kapitalismus?«. Ähnlich denkt auch Peer Steinbrück, der zehn Regeln aufgestellt hat, die von mehr Transparenz ausgehen, von höheren Eigenkapitalanforderungen, damit die Banken nicht fremdes Geld, sondern ihr eigenes riskieren, von mehr Aufsicht über die Banken und größeren Anstrengungen zur Bekämpfung von Steuerbetrug und Steueroasen. Und Steinbrück schließt sich auch der Forderung an, alle Finanzmarkttransaktionen mit einer Umsatzsteuer von 0,1 Prozent zu belegen. Das wäre nur gerecht: für jeden Apfel, jeden Liter Milch zahlen wir Umsatzsteuer. Weshalb ist die Finanzwelt davon ausgenommen?

Inzwischen machen Investmentbanken ja schon Geschäfte, indem sie mit Computerprogrammen in Millisekunden spekulieren. Läge auf jeder einzelnen dieser Transaktionen, die in die Milliarden gehen, eine kleine Umsatzsteuer, kämen ungeheure Summen zusammen. Es besteht der politische Vorschlag, damit armen Ländern zu helfen. Aber zuerst einmal sollte daraus ein Fonds gebildet werden, aus dem Bankenpleiten bezahlt werden könnten, damit nicht wieder die Steuerzahler die Dummen sind.

Viele dieser Regelungen können nur dann umgesetzt werden, wenn sich die internationale Staatengemeinschaft einigt. Schon innerhalb der Eurozone müssen sich 18 Mitgliedstaaten zusammenraufen, noch viel schwieriger wird es im Rahmen der G 20. Es fordert Mut von Politikern, sich durchzusetzen. Doch die Politik als Souverän des Volkes muss sich die Macht zurückholen, die ihr gehört. Das bedeutet aber auch, dass die Regeln endlich von den Regierungen so streng angewandt werden, wie es nötig ist. Denn jede Regel ist nur so viel wert wie ihre Durchsetzung. Und in wirtschaftlichen Hochzeiten dürfen diese Regeln nicht wieder gelockert werden.

Die Ökonomie hat sich dem Gemeinwohl wieder unterzuordnen, und die Finanzspekulanten müssen aus ihrer Parallelwelt zurück in die Wirklichkeit geholt werden.

Damit das Gemeinwohl wieder im Zentrum des menschlichen Lebens steht, müssen die einzelnen Mitglieder der Gesellschaft dazu erzogen werden, sich auch ethischen Richtlinien zu unterwerfen.

- Das bedeutet einerseits, dass junge Menschen lernen, wie wichtig Werte wie Freiheit, Gerechtigkeit oder auch Solidarität für das gemeinsame Leben sind.
- Und das bedeutet andererseits, dass auch Menschen, die sich heute schon in verantwortungsvollen Positionen befinden, gesellschaftlichem Druck ausgesetzt sein müssen, wenn sie sich nicht an die ethischen Vorgaben halten.

Kavaliersdelikte wie Steuerbetrug oder Bestechung werden nicht mehr geduldet. Das Management eines Finanzunternehmens wird es schwerer haben, systematisch Regeln zu umgehen, wenn ihm Angestellte gegenüberstehen, die sich für das Einhalten ethischer Werte einsetzen. Das müssen Angestellte mit Rückgrat sein, die »ihr Selbstbewusstsein nicht zuerst aus Bonuszahlungen beziehen«, schreibt Wolf-Gero Reichert vom Nell-Breuning-Institut in Frankfurt.

Dieses Selbstbewusstsein entwickelt nur der Mensch, der genau weiß, was unsere Werte wert sein müssen.

Wirtschaft und Ethik

»Sie wollen Wirtschaftsethik studieren?« Auf die an sich selbst gerichtete Frage antwortete der österreichische Publizist und Satiriker Karl Kraus: »Dann studieren Sie entweder das eine oder das andere!«, so als passten Wirtschaft und Ethik nicht in eine Wortverbindung. Den gleichen Gedanken hatte der Systemtheoretiker Niklas Luhmann. Auch er behauptet schlichtweg: »Es gibt Wirtschaft, es gibt Ethik – aber es gibt keine Wirtschaftsethik.« Der Satiriker und der Wissenschaftler sind sich einig in der Beurteilung der Wirklichkeit. Die Wirtschaft hält nichts von Ethik.

Wirtschaft und Ethik beschreiben deutsche Dichter und Denker schon von jeher als einen unüberwindbaren Widerspruch. Der Literaturwissenschaftler Jochen Hörisch, befragt, ob Geld in der Literatur eine zentrale Rolle spiele, sagt: »Goethe hat Adam Smith genau studiert. Denken Sie nur an den Mephisto: ›Ich bin ein Teil von jener Kraft, die stets das Böse will und stets das Gute schafft.‹ Das ist das Prinzip der unsichtbaren Hand. Mephisto ist der Markt.«

Und in seinem Theaterstück »Leonce und Lena« lässt Georg Büchner den Valerio sagen: »Es gibt nur drei Arten, sein Geld auf menschliche Weise zu verdienen: es finden, in der Lotterie gewinnen, erben.« Dann fügt er noch hinzu: »Oder in Gottes Namen stehlen, wenn man die Geschicklichkeit hat, keine Gewissensbisse zu bekommen.«

Weil viele Menschen Ethik und Wirtschaft als Bereiche ansehen, die sich widersprechen, muss – so der Erziehungswissenschaftler Professor Bernd O. Weitz – »die Hauptfrage der Wirtschaftsethik sicherlich lauten: Wie können moralische Normen und Werte unter den Bedingungen der Marktwirtschaft zur Geltung gebracht werden?«

Ethik und Wirtschaft gehören eben in der Theorie zusammen, auch wenn manche Ökonomen oder Satiriker anderer Meinung sind. Auch Professor Weitz ist der Meinung, dass die Zeit des Ehrbaren Kaufmanns trotz des wirtschaftlichen Denkens, das mit den Gedanken von Adam Smith in eine neue Ära trat, noch nicht vorbei ist. Von der Antike bis zum 18. Jahrhundert war es gute Sitte, dass ein Kaufmann ehrlich sein, keine überhöhten Preise verlangen oder seine Ware nicht falsch anpreisen sollte. Es wurde als tugendhaft angesehen, zum Wohle auch anderer Menschen zu handeln. In der Praxis sah es natürlich nicht immer so aus.

Der Umschwung im wirtschaftlichen Denken wurde von dem schottischen Moralphilosophen Adam Smith eingeleitet, der mit seinem 1776 erschienenen ökonomischen Hauptwerk »Wohlstand der Nationen« auch heute noch neoliberale Denker beeinflusst. Von Smith stammt der heute häufig und gern zitierte Satz: »Nicht vom Wohlwollen des Metzgers, Brauers oder Bäckers erwarten wir das, was wir zum Essen brauchen, sondern davon, dass sie ihre eigenen Interessen wahrnehmen. Wir wenden uns nicht an ihre Menschen, sondern an ihre Eigenliebe, und wir erwähnen nicht die eigenen Bedürfnisse, sondern sprechen von ihrem Vorteil.« Und der Vorteil von Metzger, Brauer und Bäcker ist, Geld mit dem Verkaufen zu verdienen. Damit schaffen Metzger, Brauer und Bäcker Arbeitsplätze, zahlen Steuern und nutzen so der Gemeinschaft, geleitet von der »unsichtbaren Hand« des Marktes, obwohl das gar nicht in ihrem Interesse liegt.

Die Interpreten von Adam Smith sagen, der Staat müsse nur das Zusammenleben der Menschen im Bereich der Wirtschaft ordnen, während der einzelne Mensch seinen eigenen Interessen folgen darf. Kluge Gesetze würden dann dafür sorgen, dass es moralisch und gerecht zugehe. Komme es zu Fehlentwicklungen in der Wirtschaft, dann liege das nicht so sehr an den Charakterschwächen des Menschen, sondern an der Struktur der Wirtschaft. Adam Smith war von Haus aus Ethiker und hat aus seinen Vorstellungen von Moral seine volkswirtschaftlichen Thesen entwickelt.

Radikale Anhänger seiner These vom freien Wettbewerb im Markt vergessen gern, dass Smith auch auf die Wirkung des sittlichen Handelns verweist und sagt, das allgemeine, gesellschaftliche Glück werde erreicht, wenn jedes Individuum im Rahmen seiner ethischen Gefühle versucht, sein persönliches Glück zu erhöhen. Durch eine unsichtbare Hand werde gleichzeitig auch das allgemeine, gesellschaftliche Glück erhöht. Er setzt also voraus, dass neben den Gesetzen auch das individuelle ethische Verhalten auf die Handlung des Einzelnen Einfluss nimmt.

Unternehmer spielen eine besonders herausragende Rolle in jeder Gemeinschaft. Und zwar eine positive. Sie haben eine

Idee, sie versuchen sie umzusetzen, dadurch werden sie zum Motor. Durch ihr Wirken erhalten andere Arbeit, durch den von ihrem Unternehmen erwirtschafteten Gewinn bewegt sich der Geldkreislauf, können Arbeiter Nahrung kaufen, Haushaltsgeräte, Kleidung, ein Auto. Die dadurch anfallenden Steuern helfen dem Staat, seine gesellschaftlichen Aufgaben zu finanzieren.

In Deutschland aber gibt es das verbreitete Vorurteil, dass Unternehmer sich gar nicht ethisch verhalten können. Gut im Sinne ethischer Werte zu handeln verbiete ihnen der Konkurrenzdruck.

Doch woher kommen diese engstirnigen Vorstellungen? Schüler werden damit offensichtlich schon im Unterricht konfrontiert. So haben Untersuchungen bereits vor einigen Jahren ergeben, dass Schüler ein besonders negatives Bild von Unternehmern haben. Der Arbeitslehre-Didaktiker Lothar Beinke stellte bei seiner Einführungsveranstaltung in die Erziehungswissenschaften an der Universität Gießen fest, dass Studierende nicht selten Unternehmern mit einer ablehnenden Grundhaltung begegneten. Sie begründeten ihre Haltung mit der Einsicht, das menschliche »Zusammenleben fordere die Beachtung und Berücksichtigung ethischer Werte. Diese aber stießen im System des der Gewinnmaximierung verpflichteten, vom Kapitaleinsatz gesteuerten Wirtschaftens auf geradezu eine dysfunktional zu sehende Konfrontation. Mit anderen Worten: Die im Marktsystem produzierende Wirtschaft lässt keinen Raum für ethisch fundiertes Handeln.«

Tatsächlich wird in Schulbüchern die Wirtschaftswelt äußerst negativ beschrieben und mit Begriffen wie Egoismus, Gewinnstreben, Arbeitslosigkeit und Umweltzerstörung verbunden. Dabei sind die Lehrbücher aus Deutschland, Frankreich und den USA sehr unterschiedlich.

In Deutschland gibt es die ganze Bandbreite antikapitalistischer Vorurteile. Der fette Reiche mit einer Blume im Mund wird einem schwitzenden Arbeiter gegenübergestellt. Unternehmer und Reiche arbeiten nicht, sondern besitzen nur. Der Cartoon-Kapitalist freut sich, dass die EU-Beitrittsländer ihm helfen, deutsche Sozialstandards abzuschaffen. Unternehmer stehen im Zusammenhang mit Kinderarbeit, Müllbergen, Internetsucht, Alkoholismus, ungerechten Löhnen und Arbeitslosigkeit.

Noch grotesker geht es in französischen Schulbüchern zu, wo den Kindern erklärt wird, dass es besser sei, wenn ihr Land stagniere. Denn wirtschaftliches Wachstum erzwinge einen hektischen Lebensstil, der zu »Überarbeitung, Stress, nervösen Depressionen, Herz-Kreislauf-Krankheiten und, so sagt man, sogar Krebs führt«.

Ganz anders sind die amerikanischen Schulbücher. Unternehmer haben das Land und seine Wirtschaft aufgebaut: »Der Unternehmer ist willkommen als jemand, der Risiken eingeht und sein Geld und Talent dafür einsetzt, neue Unternehmungen in Gang zu setzen.«

Deutsche Lehrer sind gehalten, deutsche Schulbücher in ihrem Unterricht zu benutzen. Einige große Unternehmen wie BMW haben deshalb inzwischen den Kontakt zu Schülern gesucht, um ihnen die Welt der Unternehmen praktisch

näherzubringen. Das hilft vielleicht, abstrakte Vorurteile abzu-
bauen. Und das ist dringend notwendig.

So klagte eine Wirtschaftspädagogin aus Halle an der Saa-
le, die hauptsächlich Bankkaufleute ausbildet, ihre Schüler
übernähmen vermeintliche Managerleitlinien völlig ungeprüft und sähen den Berufserfolg als alleinigen Maßstab ihres
Handelns an: »Das ethische Modell dieser Jugendlichen heißt,
erlaubt ist, was meinem Unternehmen und mir nutzt. Nur der
Erfolg zählt, wie er erreicht wird, ist unwesentlich.« Mit Ethik
hat dieses egoistische Denken überhaupt nichts mehr zu tun.

Die »Lehre vom sittlichen Verhalten« gelangt aber über
die Lehrer in die Köpfe von Schülern. Und Lehrer haben
den gesellschaftlichen Auftrag, Schüler auf das Leben in der
Gemeinschaft vorzubereiten und ihnen Wissen zu vermitteln. Deshalb kann es weder der Lehrerbildung noch den
Lehrern gleichgültig sein, welche sittlichen Werte sie weitergeben.

Wichtig ist, dass Kinder lernen, einerseits Konflikte per-
spektivisch, also aus der Sicht des jeweils Handelnden, und
andererseits auch ethisch zu beurteilen. Und sie müssen lernen, Vorgänge aus unterschiedlichen Perspektiven betrachten
zu können.

Manche Fachlehrer haben ob dieser Forderungen gleich
darüber geklagt, dass jetzt noch mehr Arbeit auf sie zukomme.
Tatsächlich stehen Pädagogen vor einer schwierigen Aufgabe,
wenn es darum geht, moralische Regeln zu vermitteln, die
auch außerhalb der Schule Bedeutung haben. Denn das Wissen um ethische Werte wird nur dann Wirkung zeigen, wenn
die Schüler zusätzlich Einsicht in ethisches Tun finden, und

sie überzeugt sind, dass es richtig ist, nach diesen Normen zu handeln. Wissen allein reicht nicht aus.

Das Wissen darum, was Moral bedeutet, ist nur eine Grundvoraussetzung dafür, dass bestimmte Werte das Handeln des Menschen beeinflussen. Schon das Kind muss mit Hilfe der Erziehung Moralbewusstsein entwickeln.

»Dieses Bewusstsein vermittelt unserer Handlung jene Autonomie, die das öffentliche Bewusstsein von nun an von jedem wirklich und völlig moralischen Wesen verlangt … Das ist vielleicht die große Neuheit, die das Moralbewusstsein der heutigen Völker darstellt; nämlich, dass Intelligenz ein Element der Moralität geworden ist und es immer mehr wird … Moral lehren heißt nicht, sie predigen und eintrichtern: es heißt, sie zu erklären. Wenn man aber dem Kind jede Erklärung dieser Art verweigert und nicht versucht, ihm die Gründe der Regeln, denen es folgen soll, begreiflich zu machen, so heißt das, es zu einer unvollständigen und niedrigen Moralität zu verurteilen«, schreibt Émile Durkheim.

In seinem Buch »Erziehung, Moral und Gesellschaft« nennt er das neugeborene Kind ein egoistisches und asoziales Wesen, das so rasch wie möglich mit anderen zusammengebracht werden muss, damit es fähig werde, ein moralisches und soziales Leben zu führen. Wohlgemerkt, Durkheim hat das Soziale mit dem Moralischen verbunden. »Der Mensch wird in der Tat zum Menschen einzig, weil er in Gesellschaft lebt.« Und da der neugeborene Bürger, im Sinn des französischen »citoyen« – des Staatsbürgers –, zunächst unsozial in die Gemeinschaft hineinwächst, hat er keine Vorstellung vom Moralischen. »Die Gesellschaft steht also mit jeder neuen Generation vor einem fast unbeschriebenen Blatt«, so Durkheim, »auf dem mit neuen Kosten entworfen werden muss.«

Es scheint, als wäre die Zeit gekommen, sich dessen wieder einmal bewusst zu werden und sich die Mühe zu machen, das »fast unbeschriebene Blatt« mit Inhalten zu füllen, die das Leben in der Gesellschaft regeln, um es erträglicher zu gestalten.

Zwar gehen Theoretiker davon aus, dass die Vernunft uns zur Einsicht in die Moral befähige, doch in der Praxis lernen Kinder anders. Etwa über Gefühle oder Vorbilder. Um zu lernen, Konflikte friedlich zu lösen, müssen sie in der Lage sein, im konkreten Einzelfall verschiedene Perspektiven wahrnehmen, unterschiedliche Positionen einnehmen zu können.

So müssten eben auch »ehrbare Kaufleute« als Vorbilder dargestellt werden, wie es in amerikanischen Schulbüchern schon der Fall ist: »Der Unternehmer ist willkommen als jemand, der Risiken eingeht und sein Geld und Talent dafür einsetzt, neue Unternehmungen in Gang zu setzen.«

Das aber scheint unter deutschen Pädagogen noch nicht die herrschende Meinung zu sein. Selbst die Deutsche Gesellschaft für ökonomische Bildung lässt sich von dem Bild leiten, das wir in den untersuchten Lesebüchern finden. Der Unternehmer ist reich. Der Arbeiter schwitzt und wird wahrscheinlich auch ausgebeutet.

Weil Kinder früh emotional empfänglich sind für Schilderungen von wirtschaftlichen Notlagen, Ausbeutung und Verteilungskonflikten, auch wenn sie selbst davon nicht unmittelbar betroffen sind, sollen sie nach Meinung der Deutschen Gesellschaft für ökonomische Bildung damit befasst werden. Zum Beispiel könne die Schule zur geistigen

Durchdringung ausgewählter Beispiele wie Kinderarbeit, die ja auch in Deutschland noch vor nicht allzu langer Zeit üblich war, oder Armut, die im wohlhabenden Deutschland wächst, beitragen und ethische Urteile auf eine verstandesmäßige Grundlage stellen. Angesichts vorhandener Knappheiten sind trotz der enormen wirtschaftlichen Entwicklung in den vergangenen Jahrzehnten ständig Interessenkonflikte zu lösen, etwa der zwischen Unternehmern, die hohe Preise verlangen, und Konsumenten, die weniger zahlen wollen, oder der zwischen Festangestellten und Zeitarbeitern, die unterschiedliche Löhne bekommen. Sicher ist es wichtig, Kindern auch diese Probleme zu erklären. Doch die positive Seite des Lebens, die auch bedeuten kann, selbst etwas zu unternehmen, lernen sie dadurch nicht kennen.

In allen Bereichen des Lebens gelten Werte, die sich die Gemeinschaft gegeben hat, weil sie ein bestimmtes Verhalten vernünftig findet. Der Einzelne mag zum Beispiel so vernünftig sein zu erkennen, dass es im Sinn der Tugend Verantwortung liegt, die Umwelt zu schützen. Deshalb hat die Gemeinschaft die Mülltrennung eingerichtet, Papier- und Glascontainer stehen über die Gemeinde verteilt.

In diesem Zusammenhang erzähle ich immer wieder eine Geschichte – zitiere mich also selbst. Ein Mensch, nennen wir ihn in diesem Fall Herrn Merlot, der es natürlich für vernünftig hält, seine leer getrunkenen Weinflaschen in den fünfhundert Meter von seiner Wohnung entfernten Glascontainer zu werfen, tut es aus reiner Bequemlichkeit nicht. Er wirft sie in den Mülleimer unten im Keller seines Hauses.

Das darf er. Dafür wird er nicht von einer Behörde verwarnt oder gar bestraft. Allerdings entspricht sein Verhalten nicht dem Willen der Gemeinschaft.

Im selben Haus wohnt ein Student, der es nicht nur vernünftig findet, leere Flaschen in den dafür bestimmten Glascontainer zu werfen, sondern der auch die Einsicht hat, dass man nur so verantwortungsvoll handelt. Das hat er von seinen Eltern gelernt.

Als der Student wieder einmal sieht, wie Herr Merlot die leeren Flaschen in den Mülleimer statt in den Glascontainer wirft, spricht er ihn freundlich an. »Meinen Sie nicht, dass es im Sinn der Umwelt besser wäre, den Glascontainer zu benutzen?« Herr Merlot fühlt sich ertappt, weil er ja weiß, dass der Student recht hat. Beim nächsten Mal wird er die Ermahnung des Studenten noch im Ohr haben, aber die Flaschen trotzdem wieder in den Mülleimer werfen, hoffend, dabei nicht gesehen zu werden. Aber der Student hört es, und als er seinen Satz freundlich wiederholt, schämt sich Herr Merlot insgeheim. Durch die Ermahnung des Studenten entsteht also ein kleiner gesellschaftlicher Druck, und Merlot schämt sich, vielleicht schlägt sogar sein Gewissen.

Gewissen und Scham sind wirksame Mittel im Kampf gegen Laster und für die Durchsetzung ethischer Regeln. Herr Merlot muss schon hartgesotten sein, um auch weiterhin seine Flaschen ungerührt von den Mahnungen des Mitbewohners in den Mülleimer zu werfen.

Anhänger der Wirtschaftstheorie von Adam Smith könnten den Einwand erheben, dieses Beispiel aus dem Alltag lasse sich nicht auf die Ökonomie übertragen. Denn der Staat ordne ja das Zusammenleben der Menschen im Bereich der Wirtschaft. Sie berufen sich darauf, dass ausschließlich Gesetze das richtige Verhalten bestimmen. Was nicht bestraft wird, ist erlaubt. Doch da irren sie sich, wie es die Auseinandersetzung um die Ölplattform Brent Spar zeigt.

Der britische Shell-Konzern stellte im Oktober 1994 beim britischen Handelsministerium den Antrag, die seit September 1991 außer Betrieb gesetzte Ölplattform nordwestlich von Schottland im Atlantik versenken zu dürfen, da durch diese Art der Entsorgung die Umwelt am besten geschont würde.

Im Februar 1995 gab die britische Regierung ihre Absicht bekannt, der Versenkung zuzustimmen und informierte die Europäische Union wie auch zwölf weitere Staaten, die die Oslo-Paris-Konvention zum Schutz des Meeres unterzeichnet haben. Innerhalb der vorgesehenen Frist wandte kein Staat etwas dagegen ein. Dem Gesetz war Genüge getan, und die Versenkung der Ölplattform Brent Spar wurde im Frühjahr 1995 genehmigt.

Shell ging also davon aus, dass die Ölplattform versenkt werden durfte. Aber dann musste der Ölkonzern schmerzhaft lernen, dass Gesetze nicht alles regeln können.

Ende April 1995 begann die Umweltorganisation Greenpeace mit einer Protestaktion. Sie wollte die geplante Versenkung verhindern und forderte die Zerlegung der Anlage an Land. Es ging ihr zum einen um die Frage von ökologischen Schäden, zum zweiten aber um das Prinzip, so könne es nicht hingenommen werden, dass ein Ölkonzern aus ökonomischen Gründen das Recht erhalte, ein mit Schadstoffen belastetes

Industrieobjekt zu versenken, während Privatpersonen in die Pflicht genommen werden, ihren Müll umweltschonend zu entsorgen.

Um es gleich vorweg zu sagen: die damaligen Einwände von Greenpeace sind aus heutiger Sicht fragwürdig. Die Versenkung hätte der Umwelt wahrscheinlich gar nicht geschadet, vielmehr der Meeresfauna und -flora sogar gutgetan. Es werden ja auch ausgemusterte Panzer oder Lastwagen im Meer versenkt. Im Golf von Mexiko hatte die Regierung der USA das Versenken von Bohrplattformen von Shell in 44 einzelnen Fällen erlaubt, nachdem der Dreck herausgepumpt und der giftige Lack abgekratzt war. In den seichten Gewässern des Golfs sollten sie als künstliche Riffe Brutstätten für Fische abgeben. Doch das stand bei Brent Spar nicht zur Debatte.

Als erste Politikerin begrüßte Mitte Mai jenen Jahres die Umweltkommissarin der Europäischen Union, Ritt Bjerregard, die Aktion von Greenpeace. Ende Mai sprach sich die vom öffentlichen Protest beeindruckte deutsche Umweltministerin Angela Merkel gegen eine Versenkung der Plattform aus. Später hat sie einen Protestbrief an ihren britischen Partner geschickt. Als erste Organisation in Deutschland rief die Junge Union Nordrhein-Westfalen zum Boykott von Shell-Tankstellen auf. Weitere Landesverbände schlossen sich an. Der Umsatz von Shell in Deutschland ging um 50 Prozent zurück. FDP-Generalsekretär Guido Westerwelle, die Präsidentin der Synode der Nordelbischen Kirche, der Verkehrsclub Deutschland, die hessische CDU und selbst der Bauernverband Mecklenburg-Vorpommern traten dem populistischen Protest bei. Die deutsche Boulevardpresse unterstützte die Aktion.

Und dann übersah Shell offensichtlich, dass noch ein neuer Faktor ins Spiel gekommen war: das Internet. Plötzlich konnten die Gegner der Aktion miteinander schnell und frei kommunizieren und ihren Unmut ungefiltert veröffentlichen. Dadurch verbreitete sich der Widerstand gegen das Vorhaben von Shell in Windeseile.

Greenpeace begründete seine Aktion damit, dass die Angaben von Shell über die Reste an Ölschlamm in der Plattform nicht der Wahrheit entsprachen und gab selbst horrende Daten bekannt. Wie sich später herausstellte, waren die Angaben von Shell richtig, die von Greenpeace falsch.

Sogar der damalige Bundeskanzler Helmut Kohl schloss sich schließlich der Aufregung in Deutschland an und bedrängte am Rande des Weltwirtschaftsgipfels im kanadischen Halifax den britischen Premierminister John Major, die Versenkung zu verhindern. Major blieb aber bei der Genehmigung. Sie sei rechtmäßig erlassen worden.

Auf der Abschlusskundgebung des Evangelischen Kirchentages im Hamburger Volksparkstadion rief schließlich Kirchentagspräsident Ernst Benda, CDU, einst Präsident des Bundesverfassungsgerichts und Bundesinnenminister, zum Boykott von Shell-Tankstellen auf. Zwar gehörte die Ölplattform Brent Spar zur Hälfte Esso, doch das war zunächst nicht bekannt gewesen, deshalb richtete sich der öffentliche Zorn nur gegen Shell.

Die Firma Shell gab den Kampf um ihr Recht auf.

Am 20. Juni 1995 gab der Ölkonzern bekannt, die Plattform Brent Spar nicht im Atlantik zu versenken, sondern in Norwegen an Land zerlegen zu lassen. Die britischen und internationalen Rechte waren zwar eingehalten worden, doch das reichte nicht aus, um die Entscheidung der Ölfirma auch umzusetzen.

Shell war an den ethischen Vorstellungen der Menschen, besonders denen der Deutschen und Niederländer, gescheitert. Die nur technisch begründete Lösung, die Ölplattform im Atlantik zu versenken, berücksichtigte nicht das Denken der breiten Öffentlichkeit. »Der Fall hat bei Shell einen intensiven Lernprozess angestoßen«, sagte Peter Duncan, Vorstandsvorsitzender der Deutschen Shell, »Unternehmen können ohne gesellschaftliche Akzeptanz nicht einfach ihren Geschäften nachgehen.«

Gleichheit, Gerechtigkeit, Solidarität

Der Widerstand gegen die Versenkung der Ölplattform Brent
Spar war in Deutschland besonders heftig. In keinem anderen europäischen Land verbündeten sich die Spitzen von
Regierung, Kirche und gesellschaftlichen Organisationen so
sehr mit den protestierenden Umweltschützern. Dabei ging
es weder um eine deutsche Firma, noch sollte die Ölplattform im Meer in unmittelbarer Nähe der deutschen Küste
entsorgt werden. Die britische Shell hatte einen Ort 240
Kilometer westlich von Schottland im Auge. Es wäre – aus
deutscher Sicht – also eher zu erwarten gewesen, dass Briten und Schotten sich Sorgen um die Verschmutzung des
Meeres machten. Selbst Frankreich hätte wegen der größeren Nähe zum geplanten Tatort ein Interesse an Protesten
gegen das Vorhaben von Shell haben können, doch dort
bezeichnete die Presse den deutschen Widerstand als Hyste-
rie!

Für die ungleiche Wahrnehmung des ethisch Gebotenen in
unterschiedlichen Ländern gibt es zwei Gründe:

- die Bedeutung des gemeinschaftlichen Willens für ethisches Handeln und

- den Einfluss des kollektiven Denkens der jeweiligen Gemeinschaft auf die Wirkungskraft von Tugenden, der zeigt, welche Geltung den einzelnen Werten zugeordnet wird.

In der Theorie ist vor ewigen Zeiten überall in der Welt die »Goldene Regel« entstanden und global angewendet worden. Auch Freiheit, Gleichheit, Brüderlichkeit gelten seit der Französischen Revolution als universelle Tugenden. Aber das ist nur in der abstrakten Welt der Philosophen so. In der täglich gelebten Praxis verstehen zum Beispiel die Bürger der USA unter Freiheit etwas anderes als die Deutschen. In Gegenden der USA, die heute noch vom Pioniergeist geprägt sind, bestehen die Amerikaner darauf, Waffen besitzen und sie offen tragen zu dürfen. Das gehört nicht nur zur noch lebendigen Westerntradition, sondern sie vertreten als Staatsbürger das republikanische Prinzip: Das Volk ist der Souverän. Wenn nun die Diener des Volkes, etwa Polizisten, bewaffnet sein dürfen, dann gilt dieses Recht doch umso mehr für den Souverän selbst.

Gleichheit, Gerechtigkeit und Solidarität dagegen sind Tugenden, die in Deutschland ein viel größeres Gewicht in der gesellschaftlichen Wirklichkeit haben als in den Vereinigten Staaten. Zu unserem Verständnis von sozialem Handeln, getragen von den Werten Solidarität und Gerechtigkeit, gehört es, dass alle Menschen, die in Deutschland leben – nicht nur die mit deutscher Nationalität –, Zugang zu medizinischer Versorgung haben, was voraussetzt, dass der Staat alle Bürger verpflichtet, krankenversichert zu sein. Mit Mühe konnte der amerikanische Präsident Barack Obama eine staatliche

Gesundheitsfürsorge einführen, nachdem in den vergangenen hundert Jahren mehrere Präsidenten daran gescheitert waren. Auch heute noch mobilisiert diese Entscheidung Millionen von Amerikanern, denen Freiheit wichtiger ist als Solidarität. Der Staat, so argumentieren sie, erhalte durch die gesetzliche Gesundheitsversicherung zu viel Macht über den Bürger. Die Reform wäre im Kongress fast an einer Handvoll Verweigerer gescheitert, die meinten, damit gäbe es staatliche Beihilfe zu Abtreibungen, die sie für ein Verbrechen halten.

Amerikaner wehren sich gegen jede Art von staatlicher Bevormundung und haben nicht vergessen, dass sie die Unabhängigkeit von den Briten erkämpften, weil die Steuern zum Zweck der Umverteilung erheben wollten. Deshalb gibt es in den USA zwar auch eine Schulpflicht, aber keine Pflichtschule wie in Deutschland. Selbst staatliche Universitäten erheben hohe Studiengebühren, die nur Bedürftigen erlassen werden.

Auch das Verständnis für Ökologie, also die Verantwortung des Menschen für den Zustand der Natur, war in den USA weitaus früher im Bewusstsein der Bürger verankert als in Deutschland. Und dennoch haben sich die Deutschen zu einem der aktivsten Verteidiger der Umwelt in der ganzen Welt entwickelt

Der Grund dafür liegt darin, dass sich in Deutschland die Mehrheit der Bürger sehr viel mehr mit dem Problem der Verantwortung des Einzelnen für den Zustand der Natur beschäftigt, und darin eine Verpflichtung gegenüber der Gesellschaft sieht. Nun ist sicher die wichtigste Voraussetzung dafür, dass Verantwortung für die Natur auch Wirkung zeigt, die, dass sich die Staatsbürger untereinander verständigen und damit »unter die oberste Richtschnur des Gemeinwillens« stellen, wie es Jean-Jacques Rousseau formulierte.

In Zeiten, in denen die Menschen immer mobiler und aus politischen, wirtschaftlichen oder kulturellen Gründen die Grenzen immer durchlässiger werden, halten sich jedoch immer weniger Vertragspartner an die Richtschnur des Gemeinwillens, weil ihnen die Einsicht dazu fehlt. Das hängt wohl damit zusammen, dass sie den Weg in die Gemeinschaft aus eigenem Unvermögen nicht finden oder weil sie ausgegrenzt werden.

In Deutschland wird zum Beispiel immer wieder darüber gestritten, ob es richtig ist zu behaupten, jugendliche Ausländer oder Kinder aus Einwandererfamilien verstoßen häufiger gegen die gesetzlichen Regeln als deutsche Jugendliche.

Es gehört fast zum guten Ton, diese Behauptung als intolerant infrage zu stellen. Denn alles, was intolerant sein könnte, muss korrigiert werden. Man will, aus Gründen, die mit der deutschen Vergangenheit zusammenhängen, politisch korrekt sein und nicht rassistisch erscheinen. Doch spätestens seit dem Buch »Das Ende der Geduld: Konsequent gegen jugendliche Gewalttäter« aus der Feder der erfahrenen Jugendrichterin Kirsten Heisig lässt sich diese Feststellung nicht mehr leugnen.

In ihrem Buch beklagt Kirsten Heisig, dass die offizielle Sozialpolitik sämtliche Unterschiede nicht nur zwischen Nationalitäten und Ethnien leugne, sondern auch zwischen den Geschlechtern, und dies zur totalen Verwahrlosung der Gesellschaft führe. Heisig gibt aus eigener Erfahrung an: »Von den polizeilich erfassten jugendlichen und heranwachsenden Intensivtätern haben inzwischen 71 Prozent einen Migrationshintergrund. In Neukölln sind es sogar mehr als 90 Prozent.« Begründet wird die Anfälligkeit junger männlicher Ausländer für kriminelles Verhalten im Allgemeinen mit Problemen bei der Identitätsbildung, mit Sprachproblemen und fehlenden Chancen auf dem Arbeitsmarkt. Aber auch der laxen Strafverfolgung schiebt Richterin Heisig einen großen Teil der Verantwortung zu. Tatsächlich muss eine Gesellschaft auch dafür sorgen, dass die von ihr gesetzten Regeln eingehalten werden. Das geschieht in Deutschland zu wenig.

Während an französischen, britischen oder holländischen Schulen die Einhaltung von Ordnungsvorschriften mit Strenge durchgesetzt wird, wachsen Kinder in Deutschland in einer Kultur auf, »in der Härte und Strenge den Geruch des Unmenschlichen haben«, so Bernhard Bueb, langjähriger Leiter des Internats Salem. In allen modernen Ländern der Welt herrscht Schulpflicht. Und der Staat sieht eine Reihe von Maßnahmen vor, die zu ergreifen sind, wenn Eltern nicht dafür sorgen, dass ihre Kinder regelmäßig zum Unterricht erscheinen. Das reicht vom offiziellen Mahnschreiben über polizeiliche Vorführung bis hin zur Geldstrafe von bis zu mehreren tausend Euro. Nur werden diese Maßnahmen in der Praxis nicht immer angewandt, wie aus einer interkulturellen Studie von Professor Werner Schiffauer, der sich mit Integration und Migration beschäftigt, hervorgeht.

In Berlin informierte die Schulbehörde alle Schulen, dass strafrechtliche Verfahren wegen des Verstoßes gegen die Schulpflicht von der Staatsanwaltschaft eingestellt würden, da die Schuld der Erziehungsberechtigten als gering anzusehen sei, insbesondere, wenn Eltern ihre Kinder »entsprechend ihrem Kulturkreis« erzögen und es in ihrem Heimatland keine vergleichbare Schulpflicht gebe. In Berlin lebende Ausländer brauchen demnach ihre Kinder nicht in die deutsche Schule zu schicken, wenn es in ihrem Heimatland keine Schulpflicht gibt.

Damit verzichtet der Staat darauf, seinen eigenen Vorschriften Kraft zu verleihen. Eine Gesellschaft, die sich nach ethischen Werten ausrichten will, darf nicht zulassen, dass ihre Beamten es sich bequem machen. Gerade dort, wo der staatliche Auftrag zur Erziehung beginnt, in der Schule, müssen die Verantwortlichen dafür sorgen, dass die vorgegebenen Regeln eingehalten werden. Der Durkheim'sche Dreiklang »Erziehung, Moral und Gesellschaft« sollte allen zu jeder Zeit bewusst sein. Durkheim schreibt: »Im Gegensatz zu einer weitverbreiteten Meinung, nämlich, dass die Moralerziehung vor allem der Familie zu überlassen ist, glaube ich im Gegenteil, dass das Werk der Schule in der Moralentwicklung des Kindes von höchster Wichtigkeit sein kann und sein muss.«

Aus Durkheims Satz spricht der Gedanke der republikanischen »Gleichheit«: Alle Kinder sollen die gleiche Chance auf Bildung haben. Schließlich ist Bildung die wichtigste Ressource für die erfolgreiche Zukunft eines Kindes. Wie ungleich aber Kinder aus Einwandererfamilien behandelt werden, erfuhr die Soziologin Sabine Mannitz während ihrer Arbeit an einer soziologischen Untersuchung. An der Lise-Meitner-Schule in Berlin fehlte ein Mädchen der neunten Klasse über Wochen, und viele Lehrerinnen bemerkten ihre Abwesenheit nicht. Nach einiger Zeit rief der zuständige Tutor die Eltern des Mädchens an, »um zu erfahren, was los sei: Die waren völlig überrascht, da sie glaubten, ihre Tochter sei jeden Morgen in die Schule gegangen. Sie versprachen, mit dem Mädchen zu reden, das in der Tat am nächsten Morgen wieder im Unterricht war. Nach wenigen Tagen fehlte sie allerdings erneut.« Daraufhin schaltete die Schule einen Sozialpädagogen ein, der aber vertrat die Ansicht, man könne die Schülerin, die aus einer Migrantenfamilie stammte, zu nichts zwingen, auch die Eltern nicht. Als die Soziologin Sabine Mannitz die Lehrerinnen kritisierte, beriefen die sich wiederum auf die Eigenverantwortung von Schülerin und Eltern. Sie wussten zwar, dass das Schulrecht sie eigentlich verpflichtete einzugreifen, fanden aber, es komme immer auf den Einzelfall an. Dies sind die »Einzelfälle«, die Kirsten Heisig meint, wenn sie schreibt, das laxe Verhalten der Behörden »führe zur totalen Verwahrlosung der Gesellschaft«.

Disziplin ist neben Einsicht in richtiges Handeln notwendig, damit ethische Werte im praktischen Leben angewandt werden.

Disziplin beruht auf Selbstbeherrschung und Mäßigung der eigenen Wünsche. Und je nachdem, wie die jeweilige Gesellschaft ihre Mitglieder der Disziplin unterwirft, zeigt sie, was ihr das gemeinschaftliche Wollen für ethisches Handeln bedeutet. Gemeint ist also Selbstdisziplin.

In Deutschland findet Erziehung zu Ordnung und Selbstbeherrschung wenig Unterstützung, was mit der Vergangenheit dieses Landes zu tun hat. Die Zeit des Dritten Reichs wird zu Recht verbunden mit Kadavergehorsam und brutalen Strafen, ja Todesstrafen für Unangepasste. In Ländern wie Frankreich oder England hingegen wird Disziplin wie eh und je ohne Hemmung verlangt und notfalls durch Androhung harter Strafen eingefordert. Dieses Beispiel zeigt, wie stark die Unterschiede zwischen verschiedenen Ländern sein können, wenn es darum geht, Tugenden einen größeren Wert beizumessen.

Wir Deutsche müssen lernen, mit Disziplin wieder unverkrampft umzugehen. Das können wir aber nur, wenn wir diesen Begriff, wie auch andere, von seiner historischen Belastung befreien und ihn im ursprünglichen Sinn benutzen.

Disziplin bedeutet nicht, blind zu gehorchen, sondern sich selbst in die Pflicht zu nehmen.

Pflicht ist out, werden viele junge Menschen sagen. Aber Pflicht ist eben nicht out, wenn wir Pflicht als Selbstverpflichtung verstehen, genauso wie Disziplin auch Selbstdisziplin ist. In beiden Fällen bedeutet der Zusatz »selbst«, dass der Handelnde aus Einsicht sich selbst zu einem bestimmten Handeln zwingt.

Das kollektive Denken bestimmt, wie ein Volk mit ethischen Begriffen umgeht, welche Geltung einzelnen Werten zugeordnet wird. Daraus ergibt sich dann der Wirkungsgrad von Tugenden. Diese Regel gilt überall. Doch da die handelnden Personen in jedem Land von anderen Denkweisen gelenkt werden, wirkt sich auch die kollektive Identität anders auf die Entwicklung von ethischen Werten und ihre Bedeutung aus.

Als Folge der von den USA in den Jahren 2008/2009 ausgehenden Banken- und Finanzkrise kamen auch in Deutschland einige Institute, zum großen Teil öffentliche Landesbanken, in schwere Turbulenzen. Die SachsenLB und die IKB Deutsche Industriebank waren gezwungen, hohe Abschreibungen vorzunehmen, als die Existenz der Banken bedroht war. Auch die milliardenschweren Verluste der BayernLB und der WestLB mussten mit Steuergeldern aus den Kassen der Länder ausgeglichen werden. Deutschland war in den Jahren zuvor den Sirenenklängen der US-Banker und dem Druck der deutschen Neoliberalen in Politik und Presse gefolgt und hatte gesetzliche Vorschriften gelockert. Die riesigen Gewinne an der Wall Street und am Finanzplatz London machten so manchen Landsmann gierig.

Ganz anders handelten die Franzosen. Den Grund dafür schildert Uwe Jean Heuser, Leiter der Wirtschaftsredaktion der Zeit, in seinem Buch »Was aus Deutschland werden soll. Der Auftrag an die Wirtschaftspolitik«. Heuser stellt einem französischen Spitzenmanager die Frage, weshalb die französischen Banken in der Krise so gut weggekommen seien und fasst die Antwort so zusammen: Die französischen Banken »waren traditionell staatlich, seit dem Krieg oder mindestens seit der Verstaatlichung 1981, allen voran die drei großen der Branche. Nun sind sie zwar privat, aber die Chefs von heute haben fast alle gemeinsam auf der staatlichen Eliteschule ENA studiert.«

Auf der Ecole Nationale d'Administration, der nationalen Verwaltungshochschule, wird den Studierenden, die schon während ihrer Ausbildung als Staatsdiener ein Gehalt bekommen, der Grundsatz eingebläut, der immer wieder an erster Stelle bei der Lösung von Problemen stehen soll: Das Ziel allen Handelns ist das Wohl Frankreichs.

Dazu muss man wissen, dass sich hinter dem Begriff »Frankreich« nicht etwa ein rein nationalistischer Inhalt verbirgt, sondern weitaus mehr, was schwer in Worte zu fassen ist. General de Gaulle hat es vielleicht am besten getroffen, als er sagte: »Die Franzosen sind Kälber, und man muss sie stoßen, sie um etwas herum vereinen: um eine gewisse Idee von Frankreich.« Denn was wären sie, die Franzosen, ohne diese Idee? Ohne diese Idee, so der Historiker Jean Dutour, wären sie »ein Völkerstamm unter anderen, ein Gemenge von Einzelgängern, eher weniger sympathisch als die Italiener, weniger diszipliniert als die Deutschen, mit weniger Bürgertugenden als die Engländer, weniger gewitzt als die Amerikaner«. Die »Idee« verleitet die Franzosen manchmal, sich über andere erhaben zu fühlen, weil sie sich gern über ihr Land und seine heutige Stärke und Größe Illusionen machen.

Wer die ENA besonders gut abgeschlossen hat, wechselt häufig in die staatliche Finanzinspektion und von dort auf gut dotierte Posten in Wirtschaft und Finanzen. Tatsächlich kommen mehr als 30 Prozent der Bankdirektoren Frankreichs aus dem Corps der Finanzinspektoren.

Als also einige Banken 1986/87 wieder privatisiert wurden, blieb der Einfluss des Staates ungebrochen. Schließlich sind es weiterhin Staatsdiener, die die großen Geldinstitute lenken. Und aus Skepsis gegenüber den anarchisch agierenden US-Banken haben die französischen Banker sich an den riskanten Geschäften nicht beteiligt, hat die französische Regierung die Deregulierung von Vorschriften nicht mitgemacht und die Finanzkontrolle eher noch gestärkt.

Moral wird immer mit der Würde des Menschen begründet, etwas, an dem es nichts zu deuteln gibt. Und dennoch werden Werte in jeder Gemeinschaft anders gewichtet, je nachdem welche Tabus in den jeweiligen nationalen Identitäten gelten. So legen Amerikaner, Briten oder Franzosen bei der Bewertung des gleichen ethischen Problems, etwa bei der Frage der Forschung mit Stammzellen oder bei der Organspende, andere Maßstäbe an als die Deutschen.

Immer neue Ergebnisse der Forschung fordern von der Gesellschaft die Bestimmung neuer ethischer Richtlinien. Als vor einigen Jahrzehnten die Medizin es möglich machte, Organe zu verpflanzen, war zunächst zu klären, wie das ethisch zu beurteilen ist. Ein Mensch stirbt. Eines seiner Organe wird seinem Körper entnommen und in den eines anderen Menschen eingepflanzt. Soll dem Toten oder seinen Rechtsnachfolgern dafür etwas bezahlt werden? Die westliche Welt beantwortete die Frage negativ, der Transfer eines Organs sollte nicht nach Marktmechanismen funktionieren. So wollte man den Organhandel, bei dem etwa arme Lebende eine Niere teuer verkaufen, verhindern. Solidarität sollte diese Fälle regeln.

Die Idee: Ein Gesunder, der verunglückt, wird zum Spender, zeigt sich solidarisch mit dem Kranken. Doch die Gesetzgeber aller Länder standen schnell vor der Frage, wie sie den Akt der Solidarität in Vorschriften fassen sollten. Für die Deutschen war es klar: Der Staat würde sich an den Beratungen nicht beteiligen.

Denn der Staat hatte im Dritten Reich verantwortungslosen Ärzten erlaubt, Menschen für medizinische Versuche zu missbrauchen, die oft zum Tode führten. Nie wieder würde der Staat Ärzten erlauben, am Menschen ohne dessen ausdrückliche Zustimmung Operationen durchzuführen. Also wurde das Gesetz erlassen: Nur die persönliche Zustimmung jeder einzelnen Person macht aus dieser einen Spender.

In Deutschland muss man also einen Spenderausweis bei sich führen, um als Spender erkannt zu werden. Aus Bequemlichkeit kümmern sich die meisten Deutschen nicht darum. Nur 14 Prozent der Bürger besitzen ihn. Das führt zu einem erheblichen Mangel an Organspenden. Etwa zwölftausend Kranke, die in Deutschland auf ein Organ warten, sterben jährlich aus Mangel an Spenderorganen.

In Frankreich stand die Regierung vor dem gleichen Problem. Frei von der Belastung aus der Geschichte entschied man dort genau umgekehrt – mit folgender Begründung: Freiheit, Gleichheit, Brüderlichkeit sind die Grundprinzipien der Republik, zu denen sich jeder Bürger bekennt. Brüderlichkeit nennen wir heute Solidarität. Wenn nun im »Gesellschaftsvertrag« Solidarität als allgemeine Tugend bezeichnet wird, dann bedeutet dies, dass jeder Bürger von sich aus stillschweigend zustimmt, ein potenzieller Spender zu sein. Und so gilt in Frankreich jeder als Spender, es sei denn, er hätte erklärt, es nicht sein zu wollen. So funktioniert Solidarität.

In Deutschland begannen Politiker über eine Änderung der Gesetze nachzudenken, nachdem der SPD-Politiker Frank-Walter Steinmeier seiner Frau eine Niere gespendet hatte. Dieser persönliche Akt der Solidarität eröffnete eine Debatte über Organspenden. Keiner ging jedoch so weit, nun das sinnvolle französische Modell zu übernehmen. Es wurden vielmehr äußerst bürokratische Vorschläge gemacht. Steinmeier aber hatte sich nach seiner Rückkehr aus der Klinik dafür ausgesprochen, von jedem Bürger mindestens einmal im Leben eine Entscheidung darüber zu verlangen, ob er nach seinem Tod zu einer Organspende bereit wäre.

So kam die Idee auf, bei der Ausstellung des Personalausweises, des Führerscheins oder der Versichertenkarte solle jeder nach seiner Haltung zur Organspende gefragt werden. Die Antwort würde dann auf dem Dokument gespeichert. Ein Meinungswechsel sollte jederzeit möglich sein. Die wenigen Anhänger der Lösung, wie sie in Frankreich üblich ist, fanden in den Fraktionen leider keine Mehrheit.

Dieses Beispiel ist nur eines unter vielen, bei denen eine Gesellschaft anders entscheidet als ihre Nachbarn. So zeigt sich, dass es wichtig ist, das kollektive Denken der jeweiligen Gemeinschaft zu kennen, um zu wissen, wie stark Tugenden wie Verantwortung, Vertrauen oder Nachhaltigkeit dort wirken, welche Geltung den einzelnen Werten wie Freiheit, Gleichheit, Brüderlichkeit zugeordnet wird. Und dann lässt sich feststellen, wie notwendig es ist, das eigene Denken kritisch zu überprüfen.

Freiheit und Erfolg

»Freiheit« ist für viele Ökonomen der Schlüssel für eine erfolgreiche Wirtschaft. Ihr Motto lautet: Je mehr Freiheit, desto größer der Erfolg. Der ökonomisch handelnde Mensch soll frei sein von den Zwängen ethischer Regelungen. Besonders drastisch lehnt Philosophieprofessor Wolfgang Kersting die »Durchsetzung besonderer moralischer, ethischer oder religiöser Vorstellungen« ab, weil dies die »Handlungsfreiheit« einschränkt und damit die Möglichkeit, »in völliger ethischer Unabhängigkeit sein Leben« zu gestalten. Damit legt Kersting die durch unser Grundgesetz festgelegte Ordnung sehr freigebig aus.

Die Würde des Menschen ist die Quelle unseres Wertesystems.

Wer dem Menschen seine Freiheit nimmt, der verletzt diese Würde. So steht es im Artikel 1 Satz 1 unseres Grundgesetzes: »Die Würde des Menschen ist unantastbar. Sie zu achten und zu schützen ist Verpflichtung aller staatlichen Gewalt.« Der Staat hat also die Aufgabe, den Bürger vor dem Missbrauch seiner Freiheit zu schützen. Und so steht denn auch eine Entscheidung des Bundesverfassungsgerichts (BVerfG) im Gegensatz zu der Erkenntnis des Philosophen, der davon schwärmt, das Leben in »völliger ethischer Unabhängigkeit« zu gestalten. Unserer Grundordnung liegt – so das BVerfG – nach dem Grundgesetz »die Vorstellung zugrunde, dass der Mensch in der Schöpfungsgeschichte einen eigenen selbständigen Wert besitzt und Freiheit und Gleichheit dauernde Grundwerte der staatlichen Einheit sind. Daher ist die Grundordnung eine wertegebundene Ordnung.« Daraus folgert der Verfassungsrichter Udo Di Fabio, dass die staatliche Gemeinschaft zwar die Grundlage für jede Freiheit ist, das aber in einem Raum des Rechts und der Sicherheit. Allerdings setzen die Würde des Menschen und die Freiheit des Individuums den Regelungen der Gemeinschaft Grenzen. Denn, so das BVerfG weiter, »in der freiheitlichen Demokratie ist die Würde des Menschen der oberste Wert. Sie ist unantastbar, vom Staate zu achten und zu schützen. Der Mensch ist danach eine mit der Fähigkeit zu eigenverantwortlicher Lebensgestaltung begabte ›Persönlichkeit‹.«

Es ist umstritten, was Freiheit bedeutet. Häufig definiert man ihre Grenzen durch die Freiheit des anderen. Und überall in der Welt streiten Menschen um viele »Teilfreiheiten«. Ökonomisch drückt sich Freiheit in Eigentum aus, und insofern mag selbst im kommunistischen China, wo der Volkskongress 2007 das Recht auf Privateigentum beschloss, die wirtschaftliche Freiheit weitgehend gegeben sein, aber die Religionsfreiheit, die Freiheit der Presse, die Freiheit, sich zu versammeln und zu demonstrieren, gibt es dort nicht.

Denken und handeln sollten eins sein. So sagt eben auch Marquis de Posa in Schillers »Don Carlos« zu dem allmächtigen spanischen König Philipp II. den elementaren Satz: »Sire, geben Sie Gedankenfreiheit!«

Wer nicht frei denken kann, der kann auch nicht den Willen zum Handeln entwickeln, ihm fehlt die Fähigkeit, sich einen Plan vorzustellen. Aber auch das Gute zu wollen setzt Willensfreiheit voraus.

Allerdings gilt Freiheit nicht so absolut, dass der Bürger sein Leben in »völliger ethischer Unabhängigkeit« führen könnte. Denn eine Freiheit, die andere Freie berücksichtigen muss, hat sich bestimmten Bedingungen zu unterwerfen. So beschränkt Artikel 2 unseres Grundgesetzes das Recht jedes Individuums auf die freie Entfaltung seiner Persönlichkeit. Keiner darf die Rechte anderer verletzen und niemand gegen die verfassungsmäßige Ordnung oder das Sittengesetz verstoßen. Die Freiheit der Person darf zwar nicht verletzt, aber auf Grund eines Gesetzes eingeschränkt werden.

Gerade der Verweis des Grundgesetzes auf den recht diffusen Begriff des Sittengesetzes als Beschränkung der Freiheit des Bürgers zeigt, wie kulturgebunden Freiheit ist.

Wer also Freiheit beansprucht, muss auch die Kultur in Kauf nehmen, in der sie gelebt wird. Und in Deutschland versteht man unter Sittengesetz in erster Linie das, was Kant als ein Gesetz bezeichnet, das im Inneren des Menschen lebt. Aber auch Sitten unterstehen dem Recht. So regelt etwa das Bürgerliche Gesetzbuch, was ein »sittenwidriges Rechtsgeschäft« ist oder was als »Verstoß gegen die guten Sitten« gilt.

Der Freiheitsbegriff wird – besonders von liberalen Ökonomen – stattdessen als »völlige ethische Unabhängigkeit« des Handelnden definiert. Als Urvater der Neoliberalen erhielt der österreichische Ökonom Friedrich August von Hayek im Jahr 1974 den sogenannten Nobelpreis für Wirtschaftswissenschaften, und zwei Jahre später wurde auch der Amerikaner Milton Friedman mit diesem hohen Preis ausgezeichnet. Für beide ist das oberste Ziel die Freiheit des Individuums in einem freien Markt. Sie sehen in diesem freien Markt eine natürliche, sich selbst erschaffende Ordnung, die theoretisch allen zum Vorteil gereicht. Niemand braucht in ihrer Vorstellung auf den anderen Rücksicht zu nehmen, und niemand hat Verantwortung für das Gemeinwohl. Die Marktgewinner verdanken ihren Erfolg angeblich ihrem Fleiß, und wer im freien Wettbewerb unterliegt, der war offensichtlich nicht fleißig oder tüchtig genug und hat deshalb auch keinen Anspruch auf Hilfe durch die Gemeinschaft.

Hayeks Theorie beeinflusste maßgeblich die Politik von US-Präsident Ronald Reagan und der britischen Premierministerin Margaret Thatcher, die sich zu dem Satz hinreißen ließ: »There is no such thing as society.« Auch Angela Merkel bekannte sich noch als CDU-Parteichefin in einem Artikel in der Financial Times Deutschland zu Hayek, er habe die »geistigen Grundlagen der freiheitlichen Gesellschaft herausgearbeitet«.

Hayek und Friedman gehen von dem Idealbild eines Menschen aus, der rational handelt, und je mehr er das tut, desto größer wird seine Motivation und Innovationskraft. Voraussetzung ist ein völlig freier Markt und ein Staat, der sich zurückhält. Der Staat soll sich höchstens um nationale Verteidigung und die Sicherheit im Lande kümmern. Es wird ihm gerade noch gestattet, einen stabilen Rahmen für eine ungestörte wirtschaftliche Entwicklung zu schaffen. Den Rest erledigen die Selbstheilungskräfte des Marktes. Selbst Schulen, Krankenhäuser, Straßen, Flugplätze und Häfen sollen von der Privatwirtschaft gebaut und instand gehalten werden. Diese Art von Freiheit ist Amerikanern und Engländern vertrauter als Deutschen und Franzosen. Auch der Krieg im Irak und in Afghanistan ist von der amerikanischen Armee schon zum großen Teil privatisiert worden, nicht nur der Nachschub, auch besondere »Killerkommandos« werden von Privatfirmen organisiert.

Nach Milton Friedman »gibt es zwei verschiedene Arten von Werten, die ein Liberaler hochhalten wird: die Werte, die für die Beziehungen der Menschen untereinander relevant sind; das ist der Bereich, in welchem er der Freiheit allererste Priorität einräumt. Und dann die Werte, die für das Individuum bei der Ausübung seiner Freiheit relevant sind; dies ist der Bereich der individuellen Ethik und Philosophie.«

Friedman zufolge haben also Gesellschaft und Staat in der Wirtschaft dem Einzelnen nichts vorzuschreiben. Seine These öffnet dem Egoismus alle Schleusen, denn der Einzelne dürfte seine Freiheit äußerst wagemutig und risikofreudig bis hin zur Selbstsucht wahrnehmen, solange er nur die Freiheit der anderen achtet. Auf dieser Theorie gründen dann die politischen Forderungen nach so viel Privatisierung, Liberalisierung und Deregulierung, wie sie um die Jahrhundertwende in den USA und dann auch in Deutschland von gutmeinenden, aber doch offenbar überforderten Politikern umgesetzt wurden.

Auch die rot-grüne Regierung in Berlin ließ sich von dem Hype um das ökonomische Denken verführen, obwohl die Wähler dies weder von einer sozialdemokratischen noch von einer ökologisch orientierten Partei erwarten durften. Das ging so weit, dass Bundesfinanzminister Hans Eichel und Bundeskanzler Gerhard Schröder planten, aus rein ökonomischen Gründen den 3. Oktober als Staatsfeiertag abzuschaffen. Stichwort: Wenn mehr gearbeitet wird, wächst das Bruttosozialprodukt.

Was aber hätte die Bundesregierung geopfert?

Hinter dem 3. Oktober, dem Tag der Deutschen Einheit, steht kein ökonomischer, kein religiöser, sondern ein für die Gesellschaft wichtiger politischer Gedanke. Der Staatsfeiertag ist ein nationales Symbol.

Jede Nation verfügt über mindestens drei derartige Symbole: die Fahne, die Hymne und den Nationalfeiertag. Sinn dieser Symbole ist es, eine gemeinsame Identität zu bezeugen und zu ihrer Bildung und Verfestigung beizutragen. Zudem fördert der Feiertag auch den Zusammenhalt der Gesellschaft, weil Menschen ihn zusammen begehen, mit Eltern, Verwandten oder Freunden.

Die Pflege des Gemeinschaftsgedankens ist ethisch von großer Bedeutung. Der Bürger soll sich als Teil einer Geschichts- und Kulturgemeinschaft empfinden. Denn nur wenn Individuen sich bewusst zu einer Gemeinschaft zusammenschließen, werden sie auch Regeln für das gemeinsame Leben und Handeln aufstellen. Und noch wichtiger: diese auch befolgen!

Gäbe es nur Individuen, die im Sinne von Hayek und Friedman ihre persönliche Freiheit ausschließlich zu ihrem privaten Wohl nutzten, würde sich jeder eigene Regeln geben und sich im Notfall über die gemeinsamen Werte der Gemeinschaft hinwegsetzen.

Ein solches Denken aber schadet der Gesellschaft.

Der ehemalige Bundespräsident Horst Köhler widersetzte sich dem Vorschlag, den 3. Oktober als Staatsfeiertag abzuschaffen – und damit war der Angriff auf das nationale Symbol abgewehrt.

Es ist bezeichnend für die Macht des allumfassenden ökonomischen Denkens, dass ein Regierungchef sich von seinem Finanzminister dazu anstiften lässt, ein nationales Gut zugunsten einer wenig bedeutenden Produktionssteigerung zu opfern.

Die Ökonomie hat sich nicht nur die Politik zum Untertan gemacht mit der Domestizierung des Ethos, so Hans Küng, sondern bestimmt damit das gesamte Leben jener Gesellschaften, die nur noch um das Goldene Kalb tanzen. Hier stimmt der Begriff vom »Eros der Freiheit«, den Liberale gern benutzen. Nicht immer sind ökonomische Entscheidungen so offensichtlich, wie seinerzeit, als die FDP für Hotels eine günstige Mehrwertsteuer durchsetzte, nachdem sie von dem Hotelkonzern Mövenpick mehr als eine Million Euro an Spenden erhalten hatte. Noch offensichtlicher funktioniert die Herrschaft der Ökonomie in den USA, wo mittels Wahlkampfspenden und Personalaustausch von Wall Street in die Regierung die Finanz- und Wirtschaftswelt die Zügel in der Hand hat.

Grundsätzlich kann sich eine Gesellschaft nur wünschen, dass die Regierung nicht ausschließlich aus Berufspolitikern besteht, sondern ein reger Austausch zwischen allen Bereichen der Zivilgesellschaft stattfindet. In Deutschland ist das leider selten, in den USA aber häufiger. Allerdings stellte die Investmentbank Goldman Sachs allein in den letzten Jahren mit Robert Rubin den Finanzminister von Bill Clinton, mit Henry Paulson den Finanzminister von Clintons Nachfolger George W. Bush, der von dieser Bank auch Neel Kashkari als Verwalter des 700 Milliarden schweren Rettungsfonds holte. Und mit Goldman Sachs werden auch Wahlkampfspenden von fast einer Million Dollar für George W. Bushs Nachfolger im Amt des Präsidenten Barack Obama in Zusammenhang gebracht.

Die Banker wissen um ihre Macht im Staat. Einst hatte der französische Aufklärer Charles de Montesquieu die Gewaltenteilung im Staat zur Sicherung der Freiheit empfohlen. Die drei Gewalten – Legislative, Judikative und Exekutive – sollten sich gegenseitig ausbalancieren. Montesquieu hat damit ein wichtiges Prinzip des Verfassungsstaates entwickelt: In jeder modernen Ordnung wird die Freiheit dadurch erhalten, dass es verschiedene Machtträger gibt, die sich gegenseitig ihre Grenzen zeigen. Macht soll stets durch eine Gegenmacht beschränkt und kontrolliert werden.

Als vierte Gewalt kam im 19. Jahrhundert die Presse als kritische Wächterin des Staates dazu.

Die fünfte Gewalt seien jetzt die Finanzmärkte, erklärte im Jahr 2000 der damalige Chef der Deutschen Bank, Rolf-E. Breuer.

Die Finanzmärkte, so seine These, hätten ähnlich wie die Medien eine »Wächterfunktion«. Die Entscheidungen von hunderttausenden Anlegern würden im Gegensatz zu Wahlentscheidungen »nicht alle vier oder fünf Jahre, sondern täglich gefällt, was Regierungen ständig unter einen erheblichen Erklärungszwang setzt … Die Staaten müssen sich nach den Anlegerwünschen richten.« Aber, so Breuer, es herrsche ja ohnehin eine »weitgehende Interessenkongruenz zwischen Politik und Finanzmärkten«. Statt die riskanten Geschäfte der Finanzmärkte staatlich zu kontrollieren, folgte die deutsche Bundesregierung also dem Vorbild der USA und deregulierte so weit wie möglich. Die Finanzaufsicht versuchte nicht, den Kasino-Kapitalismus der Banken zu überprüfen, sonst »hätten wir uns natürlich gewehrt, wir haben ja verdient wie die Weltmeister«, so der jetzige UBS-Chef Oswald Grübel, zuvor Chef von Credit Suisse: »Aber es gibt Momente, in denen eine Aufsicht sagen muss, was gilt. Macht eine Aufsicht das, was der Beaufsichtigte will, ist sie keine Aufsicht.«

Leider benahmen sich entscheidende Politiker und Aufsichtsbehörden zu lange wie Diener der Finanzmärkte, was die Finanzkrise 2008 zur Folge hatte. Weil Banker frei von Kontrollen und Regulierungen handeln konnten, erhielten sie zu viel Macht, die viele missbrauchten. So kommt MIT-Professor Simon Johnson, ehemaliger Chefökonom des Internationalen Währungsfonds, zu der Überzeugung: »Wichtigste Lehre der Krise ist, dass wir Banken keinen großen politischen Einfluss mehr zubilligen dürfen. Die Macht der Wall Street müssen wir brechen.«

»Früher waren die Leute noch ehrlich.« Der schon einmal zitierte Satz von Helmut Schmidt drückt aus, dass damals, als Ehrlichkeit noch das Handeln der Kaufleute bestimmte, keine Unternehmensregeln für richtiges Verhalten notwendig waren. Die Kaufleute wussten einfach, was gute Sitten bedeuteten.

Der Begriff wirkt inzwischen ziemlich altertümlich, und spätestens seit den 68er-Jahren wird derjenige belächelt, der von guten Sitten spricht. Hat sich die Studentenbewegung mit Sprüchen vom Muff von tausend Jahren nicht zu Recht von so manch sittlich-bürgerlicher Tradition befreit?

Die Begriffe sind gewiss ein wenig von vorgestern, aber der Grundgedanke ist immer noch richtig, dass die individuellen Freiheitsrechte zumindest durch die sozialethischen und rechtsethischen »guten Sitten« geleitet werden sollen. Denn »je weniger sittliche Ordnung eine Gemeinschaft außerhalb politisch-rechtlicher Systeme entwickelt«, so Verfassungsrichter Udo Di Fabio, »desto weniger frei kann sie sein«.

Ethische Regeln wirken häufig im vorgesetzlichen Raum. Und die Gemeinschaft der Bürger empfindet sie nicht als Freiheitsbeschränkung, da sie sich aus eigener Einsicht darauf geeinigt haben.

Früher war es eine gute Sitte, bei Tisch nicht zu rauchen, sondern den Tabak erst nach dem Mahl im Rauchsalon hervorzuholen. Wie so vieles andere wurde das mit dem Aufstand gegen die vermeintliche Unterdrückung durch bürgerliche Traditionen vom Tisch gewischt. Weil die Raucher aber nicht mehr dem folgen, »was sich gehört«, können sich die Nichtraucher nur dadurch wehren, dass sie den Gesetzgeber zwingen, ein Schutzgesetz für Nichtraucher zu erlassen, und sei es durch einen Volksentscheid wie in Bayern.

Jeder hat, was Rücksichtslosigkeit betrifft, eigene Beispiele erlebt: Viele Leute sitzen im Zug und schreien laut in ihr Mobiltelefon, das sie ans Ohr pressen. Sie nehmen keine Rücksicht auf andere. Ich erinnere mich an eine Frau, die in einem Obstgeschäft in bester Hamburger Lage so laut mit ihrem Handypartner darüber telefoniert, was sie nun einkaufen wolle und was zu ihrem Rezept passe, dass ein Kunde im Laden ihr in ironischem Ton laut Vorschläge für ein anderes Rezept macht. Sie merkte nichts. Inzwischen haben die Bahn, haben die Flughäfen, haben die Betreiber anderer öffentlicher Orte begonnen, Ruhezonen einzurichten, in denen nicht telefoniert werden darf.

Da ein Nichtraucher weiß, was ihm schadet, fällt es ihm nicht allzu schwer zu handeln. In der Finanz- und Wirtschaftswelt aber fühlt sich ein Anleger schnell überfordert, wenn er entscheiden soll, ob ihm eine Finanztransaktion in Zukunft nutzen oder eher schaden könnte. Dazu benötigt er Hilfe, und die sucht er meist beim Sachverstand von Finanzberatern.

Es gibt viele kluge und ehrliche Berater, die habe ich selbst erlebt, aber genau so habe ich erfahren, dass Berater, auch von seriösen Instituten, einem den »letzten Schrott« andrehen wollen – wahrscheinlich weil sie dazu von ihren Chefs angehalten sind. Vielleicht denken sie auch an ihre Provision.

Viele Banken haben vor zwei oder drei Jahrzehnten ihre vornehme, ihre sittliche Zurückhaltung bei der gediegenen Beratung aufgegeben, um dem Kunden aggressiv risikoreiche Anlagen zu empfehlen. Und die Berater nahmen sich die Freiheit, die Risiken zu verharmlosen oder gar zu verschweigen.

Bei ihrer Entscheidung waren viele Kunden überfordert, denn die Angaben, besonders über mögliche Verluste, waren oft sehr dürftig.

Und so wird nun auch die Freiheit der Bankberater eingeschränkt. Nach der Finanzkrise, in der viele Bürger Rücklagen und Altersversorgung verloren haben, reagiert die Politik. Weil die Geldinstitute ihre Freiheit missbraucht und die guten Sitten nicht gewahrt haben, werden die Bankberater nun per staatlicher Entscheidung an die Kandare genommen. Sie werden in Zukunft von der BaFin, der Aufsichtsbehörde für die Banken und das Finanzwesen, kontrolliert. Allerdings versuchen auch viele freie Finanzberater Kunden mit verheißungsvollen Versprechungen auf dem »Grauen Kapitalmarkt« anzulocken.

Experten schätzen, dass Anleger jährlich etwa 20 bis 30 Milliarden Euro auf dem »Grauen Kapitalmarkt« durch Betrug, überhöhte Provisionen oder einfach durch Missmanagement verlieren.

Jetzt sollen auch diese freien Berater nach den Wünschen von Bundesverbrauchsministerin Ilse Aigner kontrolliert werden. Doch während sich die Berater in einer Bank der Kontrolle der BaFin unterwerfen müssen, werden Finanzberater des »Grauen Kapitalmarkts« nur von den Gewerbeämtern kontrolliert. Deren Mitarbeiter sind aber auf eine solche Aufgabe kaum vorbereitet.

Damit würden also Finanzvertriebe wie der berüchtigte AWD geschont, empört sich der saarländische Wirtschaftsdetektiv Medard Fuchsgrube: »Der AWD hat wirklich viele Problemfälle«, es gebe sehr viele Kunden des AWD, »die mehr oder weniger um ihre Existenz kämpfen oder ihre Altersvorsorge Stück für Stück verlieren«.

Wütend sagt auch Bankfachanwalt Peter Mattil: »Das ist eine Frechheit, was jetzt gemacht wird.« Ziel war es, alle Vermittler unter das Kreditwesengesetz zu stellen, aber die Lobby der Finanzbetriebe habe es geschafft, diesen Plan über die FDP wieder zu Fall zu bringen.

Auf der Internetseite »Finanzforum« schreibt der Anlageberater »Sergio«: »Regularien oder Behörden, die die Arbeit von Beratern wirklich zum Vorteil des Kunden kontrollieren würden, gibt es nicht. Und überhaupt, denken Sie, dass es jemand von der oberen Etage – ob in der Politik oder Bankenwelt – interessiert, wie es dem Kleinbürger geht? … Letztendlich zählt weder staatliche Förderung noch staatliche Kontrolle was. Lernen Sie selbst lieber etwas, damit Sie selbst die Dinge beurteilen können.«

Verantwortung und Vertrauen

Wer die Freiheit des Handelns für sich in Anspruch nimmt, ist in vollem Umfang für die Folgen seines Tuns verantwortlich. In der Finanzkrise aber ist das Gleichgewicht zwischen Freiheit und Verantwortung aus dem Lot geraten. Sicher ist jedoch, dass unsere wirtschaftliche Ordnung ohne individuelle Verantwortung und Haftung nicht funktionieren kann.

Diese Erkenntnis setzt sich mit der Zeit in Deutschland auch in der Finanz- und Wirtschaftswelt durch.

Die Nord-Ostsee Sparkasse verlangt von ihren beiden ehemaligen Vorständen Frerich Eilts und Frank Kepp fast 25 Millionen Euro zurück, weil in deren Amtszeit hohe Kreditverluste fielen und Staatsanwälte gegen die beiden Manager wegen Untreue und Bestechlichkeit ermitteln. Der LKW-Bauer MAN fordert von seinen ehemaligen Vorständen um den damaligen Konzernchef Hakan Samuelson 237 Millionen Euro wegen einer Korruptionsaffäre. Die Exvorstände der pleitegegangenen SachsenLB sollen mindestens 60 Millionen Euro zurückzahlen. Und der ehemalige BayernLB-Vorstand um Werner Schmidt soll für 200 Millionen Euro die Verantwortung tragen.

Verantwortung, ein ethischer Begriff, der bedeutet, dass eine Person für die übernommene Aufgabe zur Rechenschaft gezogen wird, etwa vom eigenen Gewissen, den Mitmenschen oder einem Gericht. Deshalb unterscheidet man auch zwischen gesellschaftlicher und juristischer Verantwortung, zwischen ethischer und vertraglicher Verantwortung. Damit wird ausgedrückt, in welchem Bereich die Handlung des Verantwortlichen angesiedelt ist. Die Verantwortung gerade der Politiker als Machthabende ist in den letzten Jahrzehnten immer häufiger eingefordert worden, und der Philosoph Hans Jonas stellt fest, Verantwortung sei eine Pflicht derjenigen, die Macht ausüben.

Wer Macht hat, trifft Entscheidungen, und Entscheidungen lösen Wirkungen aus, für die der Handelnde verantwortlich ist.

Macht und Verantwortung stehen also in enger Beziehung zueinander.

Es reicht aber nicht, etwas aus Pflicht zu tun, ohne die vorhersehbaren Folgen in Betracht zu ziehen. Deshalb sieht der Soziologe Max Weber einen Unterschied zwischen der Gesinnungsethik, »Tu Gutes, was auch immer dabei herauskommt«, und der Verantwortungsethik: »Handle nicht, ohne die Folgen deines Tuns für die Gesellschaft bedacht zu haben.«

In der Weltwirtschaftskrise ist Unternehmen häufig verantwortungsloses Handeln vorgeworfen worden, was zu einem Vertrauensverlust bei vielen Menschen geführt hat. Jetzt versuchen die Unternehmen »nach und nach zu klären, wer wofür in der Krise verantwortlich war«, sagte Ulf D. Posé, Präsident des Ethikverbandes der deutschen Wirtschaft, gegenüber der Tageszeitung Die Welt: »Als Konsequenz sollen die Mitarbeiter mehr und mehr dafür sensibilisiert werden, die Verantwortung für ihren Bereich wirklich zu übernehmen. Sie müssen zu dem stehen, was sie machen. Es geht hier auch um eine moralische Verantwortung, nicht nur um eine juristische. Es gilt, die Verantwortlichkeiten klar zu umschreiben. In den Unternehmen herrscht dafür jetzt ein größeres Verständnis als früher. Es wird hier mehr getan.«

Die Verantwortung des Handelnden gehört in der Ethik zu den jüngeren Werten und spielt erst eine zentrale Bedeutung, seit gute Allgemeinbildung verbreitet ist. Und Verantwortung unterscheidet sich auch von den altbekannten Tugenden wie Ehrlichkeit oder Zivilcourage, Wahrhaftigkeit oder Solidarität dadurch, dass diese eine augenblickliche Handlung leiten.

Verantwortung betrifft dagegen eine Handlung, deren Wirkung sich erst in der Zukunft ganz entfalten wird und deshalb die Frage beinhaltet: »Was können die Folgen meines Handelns sein?« Das bedeutet aber, dass der Handelnde die Zukunft einschätzen kann.

Da heute die Mehrheit der Menschen nicht genügend Spezialwissen hat und manches nicht beurteilen kann, wird denen, die über mehr Wissen und über eine größere Glaubwürdigkeit verfügen, für ihre Begründungen von Entscheidungen mehr Vertrauen entgegengebracht.

Der technologische Fortschritt ermöglicht so viel Neues und verändert Bestehendes derart, dass viele Errungenschaften des Menschen nicht nur die Gegenwart beeinflussen, sondern für Jahrtausende wirksam bleiben werden. Man denke nur an die Strahlung des vom Menschen geschaffenen Atommülls. Die Folgen daraus sind überhaupt nicht vorherzusehen. Insofern ist es auch wagemutig, wenn Befürworter der Atomenergie ein »Restrisiko« in Kauf nehmen wollen.

Deshalb stellen Theoretiker die Frage, ob Verantwortlichkeit über die konkrete Handlung und deren Folgen hinausgehen kann. Ich meine, Verantwortung geht zumindest so weit, dass der Handelnde das Denkbare in Betracht ziehen und alles Mögliche unternehmen muss, um negative Folgen zu verhindern oder positive zu bewirken. »Eine verantwortliche Entscheidungsfindung schließt ein«, dass der Handelnde »darum bemüht ist, sich die ihm erreichbaren Informationen und Erkenntnisse zu beschaffen, das verfügbare Wissen und dessen Grenzen eingehend zu analysieren und die Unsicherheit der Daten bei der Alternativenwahl zu berücksichtigen«, so steht es im Handbuch der Wirtschaftsethik.

Natürlich wird zwischen Eigen- und Fremdverantwortung unterschieden. Wer ein Unternehmen führt, wer als Minister eine Behörde leitet, wer Weisungs- oder Befehlsgeber ist, trägt auch Verantwortung für das Handeln seiner Untergebenen.

Manche Minister sind deshalb aus dem Amt geschieden, so wie Verteidigungsminister Georg Leber. Er übernahm die politische Verantwortung für einen Lauschmitteleinsatz des Militärischen Abschirmdiensts, der ohne Lebers Wissen seine Sekretärin in ihrer Wohnung abgehört hatte, weil sie der Spionage für das Ministerium für Staatssicherheit verdächtigt worden war. Das hatte sich aber als falsch herausgestellt. Und Bundesinnenminister Rudolf Seiters trat zurück, als bei einem polizeilichen Einsatz im mecklenburgischen Bad Kleinen ein gesuchter RAF-Terrorist sowie ein Beamter der GSG 9 ums Leben kamen.

Genauso haften auch Vorstandsvorsitzende von Weltunternehmen, etwa Siemens, für Handlungen ihrer Mitarbeiter. Siemens forderte von seinen Vorstandsmitgliedern, die für Korruption über 1,3 Milliarden Euro verantwortlich waren, hohe Summen zurück. Der damalige Vorstandsvorsitzende Heinrich von Pierer, der angab, sich keiner Schuld bewusst zu sein, schilderte seine Reaktion so: »Ich für meinen Teil habe wie die Mehrzahl der betroffenen ehemaligen Vorstände auf eine langwierige gerichtliche Fortführung der zermürbenden Auseinandersetzungen (mit Siemens) verzichtet und letztlich einem Vergleich zugestimmt. Das entsprach dem Rat, den ich von vielen Freunden und insbesondere von meiner Familie bekommen habe. Die Beträge, die die Altvorstände zu entrichten hatten, waren unterschiedlich hoch. In meinem Fall wurden statt der ursprünglich geforderten sechs am Ende fünf Millionen Euro festgelegt.« Das ist sehr viel Geld.

Glimpflicher lief es bei der Deutschen Telekom ab. Dort ließ die Sicherheitsabteilung während der Amtszeit von Vorstandschef Kai-Uwe Ricke und dem damaligen Aufsichtsratschef Klaus Zumwinkel Dutzende Mitarbeiter, Gewerkschafter und Betriebsräte bespitzeln, um herauszufinden, wer die Presse über interne Vorgänge informiert hatte. Ricke und Zumwinkel wurde mangelnde Sorgfaltspflicht vorgeworfen. Die strafrechtlichen Ermittlungen verliefen im Sande. Dennoch wurden beide zur Verantwortung gezogen. Jeder soll 600 000 Euro zahlen. Davon sind in beiden Fälle 350 000 Euro von der Managerhaftpflicht abgedeckt, jeweils 250 000 Euro müssen die Manager selber aufbringen. Ricke und Zumwinkel wollten lange Schlammschlachten vor Gericht vermeiden, versichern aber, nicht rechtswidrig gehandelt zu haben und deshalb auch nicht verantwortlich zu sein.

Inzwischen nimmt das Bewusstsein dafür, dass die Verantwortung eines Unternehmers über das ökonomische Wohlergehen des Betriebs hinausreicht, wieder zu. »Ein Unternehmen hat, neben den wirtschaftlichen Zielen, nach Gewinn zu streben, auch die Verpflichtung, sozial verantwortungsvoll zu handeln. Nur Gewinnstreben allein wird langfristig nicht erfolgreich machen«, sagt Professor Gunther Olesch, Geschäftsführer des Elektronikunternehmens Phoenix Contact in Blomberg. Das Unternehmen, an dessen Spitze einer der Inhaber steht, macht einen Umsatz von mehr als einer Milliarde Euro und beschäftigt weltweit elftausend Mitarbeiter.

Olesch geht es dabei nicht nur um »die Herzen« seiner Kunden und Mitarbeiter, wenn er Wertschätzung, Fairness und Vertrauen als erste Werte der Führungskultur nennt. Unternehmen mit ethischen Grundsätzen sollten sich aber nicht nur gegenüber den eigenen Mitarbeitern, sondern auch gegenüber dem weiteren sozialen Umfeld verpflichtet fühlen.

Ein Unternehmen zeige Verantwortung, so der Geschäftsführer von Phoenix Contact, »wenn es Aktivitäten umsetzt, die zum Allgemeinwohl der Region und der Länder dienen, in denen es tätig ist und die nicht gesetzlich verlangt werden. Diese Aktivitäten dürfen gleichzeitig auch zum Vorteil des eigenen Unternehmens gereichen.«

Ein solches Handeln nennt man im Sinn der Moral »gutes Handeln«, denn das Ziel lautet nicht, sich selbst einen Vorteil zu verschaffen, sondern zunächst einmal dem Gemeinwohl zu dienen, wenn es auch nicht ausschließt, dass die Handlung als Drittwirkung zum eigenen Vorteil gereicht.

Zunächst unterstützt das Unternehmen Tätigkeiten in der Freizeit, die gemeinschaftsbildenden Charakter haben. Wer ein Ehrenamt ausfüllt, wird als Mitarbeiter gefördert, Mitgliedschaften in Vereinen oder Bürgerinitiativen werden gern gesehen und unterstützt. Das ist sinnvoll, denn Werte und Regeln einer Gemeinschaft werden von den einzelnen Mitgliedern stärker angenommen, wenn sich die einzelnen Mitglieder mit dieser Gemeinschaft identifizieren.

Und was der Gesellschaft dient, das nutzt auch der in ihr verankerten Wirtschaft.

Blomberg, ein hübscher Ort mit einer historischen Altstadt, liegt in Ostwestfalen-Lippe und hat gerade einmal 17 000 Einwohner. In der Umgebung lebt eine große Anzahl von Familien, die aus anderen Ländern eingewandert sind, um in Deutschland zu arbeiten. Ihre Kinder gehen häufig nur auf die Hauptschule. Dort lernen die Schüler nicht genügend, um sich anschließend für einen anspruchsvollen technischen Beruf ausbilden zu lassen. »Man kann darüber lamentieren, dass unser Bildungssystem große Mängel aufweist«, so Olesch, »und man kann was tun.«

Das Unternehmen Phoenix Contact zum Beispiel hat schon vor einigen Jahren zusammen mit den Hauptschulen der Umgebung ein Programm entwickelt, das Schüler »ausbildungsfähig« machen soll. Ein Jahr vor ihrem Schulabschluss werden sie mit ihren Lehrern parallel zum Schulunterricht in den betrieblichen Alltag integriert. So lernen sie alles kennen, was später für eine berufliche Ausbildung nötig ist.

Die meisten Schüler, die das Phoenix-Programm durchlaufen haben, entwickelten sich so hervorragend, dass sie nach ihrem Hauptschulabschluss in ein festes Ausbildungsverhältnis übernommen wurden. »Wir dürfen nicht warten, bis der Staat etwas tut«, sagt Olesch, »wir alle tragen Verantwortung für unser Gemeinwohl. Wir müssen doch alle dafür sorgen, dass die Kinder von Migranten in die Gesellschaft integriert werden.«

Heute klagt die Wirtschaft darüber, dass Akademiker fehlen. Noch vor nicht allzu langer Zeit wurde jungen Leuten davon abgeraten, ein Ingenieurstudium zu ergreifen, weil sich die Wirtschaft hin zur Dienstleistungsgesellschaft entwickele und deshalb Ingenieure überflüssig würden.

Ein kluges Unternehmen aber, das nicht nur auf kurzfristigen Gewinn, sondern auch auf die gesellschaftliche Entwicklung schaut, baut vor. Deshalb finanziert Phoenix Contact schon länger nicht nur Lehrstühle, Laboratorien und Lehrbeauftragte an den umliegenden Hochschulen, sondern bietet »lern- und leistungswilligen« Jugendlichen eine Ausbildung im Betrieb mit parallelem Studium an, so entstehen Kontakte zwischen dem Unternehmen und angehenden Akademikern, und die können innerhalb von vier Jahren sowohl den Facharbeiterbrief erwerben wie auch den Bachelor machen.

Phoenix Contact hat für sein gesellschaftliches Engagement zahlreiche Auszeichnungen erhalten. Es steht als inhabergeführtes Unternehmen in Deutschland aber nicht allein da. Professor Gunther Olesch hat in einer Untersuchung börsennotierte und eigentümergeführte Unternehmen verglichen und kommt zu dem Ergebnis: Während bei Aktiengesellschaften der Gewinn im Vordergrund steht, streben Betriebe, bei denen ein Eigentümer die Richtung vorgibt, zwar auch Gewinne an, doch ist das nicht ihr einziges Ziel. Sie zeigen häufig große Verantwortung gegenüber der Gesellschaft.

Das kann so weit gehen wie beim »König von Burladingen«, dem wohl in ganz Deutschland aus seiner Fernsehwerbung mit dem sprechenden Affen bekannten Trigema-Eigentümer Wolfgang Grupp. Ironisch könnte man anmerken, dass Grupp an der Wirtschaftswissenschaftlichen Fakultät in Köln studierte, lange bevor dort 2010 die Wirtschaftsethik Einzug gehalten hat. Aber vielleicht hat ihn schon seine Schulzeit am Jesuitenkolleg in Sankt Blasien so beeinflusst, dass er besonderen Wert auf Ethik legt.

Grupp übernahm im Alter von 27 Jahren von seinem Vater das hoch verschuldete Textilunternehmen Trigema und sanierte es in wenigen Jahren. Voller Stolz erklärt er, keine Arbeitsplätze ins Ausland verlagert zu haben und garantiert jedem Kind seiner Arbeitnehmer einen Ausbildungs- oder Arbeitsplatz. Auf der Internetseite von Trigema sagt Grupp: »Nicht Macht, Marktanteile und Größe dürfen für unser Handeln bestimmend sein, sondern Solidität, Verantwortung für die Mitmenschen, Gerechtigkeit und Beständigkeit.«

Aus Ärger vor dem »Größenwahn der herrschenden Manager- und Unternehmerklasse« und um ein Signal gegen deren »Verantwortungslosigkeit und Gier« zu setzen, firmiert sein Unternehmen seit dem Jahr 2011 nicht mehr unter der komplizierten rechtlichen Konstruktion GmbH & Co. KG, um die rechtliche Haftung zu beschränken, sondern unter »eingetragener Kaufmann«. Der eingetragene Kaufmann Grupp haftet jetzt gegenüber den Gläubigern seines Wirtschaftsunternehmens nicht nur mit dem Firmenvermögen, sondern von nun an mit seinem gesamten Privatbesitz.

Grupp in der FAZ: »Ohne persönliche Haftung werden wir den Größenwahn nicht eindämmen, und der Steuerzahler wird wohl auch zukünftig immer mehr für die Desaster bezahlen müssen.«

Und dann schlägt er vor, die Einkommensteuer generell auf 60 Prozent zu erhöhen, nur diejenigen, die persönlich für ihr wirtschaftliches Handeln haften, sollten einen Steuerrabatt von 10 Prozent erhalten: »Dann würde sich die Spreu vom Weizen trennen, und wir wüssten, wen wir vor uns haben.«

Andere Unternehmen verzichten aus ethischen Gründen auch schon einmal gänzlich auf ein völlig legales, lukratives Geschäft.

In Tettnang am Bodensee ist das Unternehmen ifm electronic zu Hause, zuständig für Sensorik, Kommunikations- und Steuerungsprobleme, das sich eine sehr nachdenkliche, umfangreiche Unternehmensphilosophie erarbeitet hat. Es beschäftigt etwa 3500 Mitarbeiter in der ganzen Welt und machte 2010 einen Umsatz von einer halben Milliarde Euro. In vielem ist es ein besonderes Unternehmen. Es wird von zwei Geschäftsführern geleitet, die gleichzeitig die Anteile halten. Sie sagen zum Thema Kapital: »Gewinn ist ein unverzichtbares Entgelt für die Leistung unseres Unternehmens. Wachsende Gewinne sind unbedingte Voraussetzung für sicheres Wachstum. Gewinne werden von den Gesellschaftern im Unternehmen belassen. Sie schaffen den notwendigen

Fonds, aus dem der Kapitalbedarf des Unternehmens gedeckt wird. Ertragssteigerung kann besser als Kostensenkung sein.«

ifm electronic sieht sich als Teil der Gesellschaft und schaut deshalb erst einmal auf die Zukunft der Welt, die in dreißig Jahren vielleicht schon von 15 Milliarden Menschen bevölkert sein wird. »Daran richten sich auch unsere Überlegungen und Zukunftsperspektiven«, lautet die ifm-Unternehmensphilosophie: »ifm will mithelfen, unsere Welt – nicht nur im technischen Sinne – lebenswert zu erhalten und zu gestalten.« 15 Milliarden Menschen benötigen Energie, müssen Industrien schaffen, für ihre Gesundheit sorgen, dürfen nicht verhungern, erwarten eine lebenswürdige Umwelt. Aber weil die Menschheit unvernünftig ist, drohen auch »kriegerische Auseinandersetzungen um kleinliche Vorteile und Überlebensräume«.

Einige Unternehmen in Deutschland verdienen viele Milliarden durch die Produktion von Waffen. Deutschland liegt in der Spitzengruppe der Länder, die Kriegsgerät verkauft. Daran will ifm electronic am Bodensee nicht verdienen.

Und so lautet auch ein Firmengrundsatz: »ifm wird grundsätzlich keine Produkte entwickeln, herstellen oder verkaufen, die direkt militärischen oder waffentechnischen Zwecken dienen.« Nun stellt ifm aber elektronische Sensoren und Steuerungssysteme her, die ein Waffenproduzent gut gebrauchen kann. Also blieb es nicht aus, dass der Firma ein großer Auftrag angeboten wurde und das Unternehmen ihn ablehnte, weil es befürchtete, Produkte seines Hauses würden sich dann in einem Waffensystem wiederfinden.

Ein Unternehmen kann also auch Verantwortung für die Menschheit zulasten des eigenen Gewinns übernehmen.

Wenn Eigentümer ethische Ziele verfolgen, können sie sogar das Verhalten internationaler Konzerne beeinflussen. So lautete das Motto des Gründers und langjährigen Konzernchefs von Danone, Antoine Riboud: »Die Verantwortung des Unternehmens endet nicht an der Bürotür oder am Werkstor.«

In Deutschland stiftete Danone im Herbst 2010 mit dem Nobelpreisträger Muhammad Yunus als Schirmherrn den ersten Lehrstuhl für Social Business an der Universität für Wirtschaft und Recht, EBS, der European Business School in Wiesbaden. Dort sollen die Studenten lernen, soziales Engagement und unternehmerisches Denken zu kombinieren und Problemstellungen im sozialen, ökologischen und ökonomischen Bereich nachhaltig zu lösen. Unter dem Begriff Social Business verbirgt sich ein neues Denken, das helfen kann, Armut und andere gesellschaftliche Probleme zu lösen.

Gemeinsam mit Muhammad Yunus hat Danone schon im Jahr 2006 das Sozialunternehmen »Grameen Danone Foods« gegründet, um die Mangelernährung und Armut in Bangladesch zu bekämpfen. Die Geschichte darüber, wie es zu der Gründung dieses Projektes kam, zeigt, wie ethisches Denken einzelner Personen das soziale Handeln beeinflussen kann.

Im Frühjahr 2006 traf sich der Friedensnobelpreisträger und Gründer der Grameen Bank, Muhammad Yunus, mit Danone-Chef Franck Riboud in einem feinen Restaurant in Paris. Yunus schilderte die mangelhafte Ernährung der Kinder in Bangladesch und schlug Danone vor zu helfen. Noch bei Tisch willigte Franck Riboud ein und gemeinsam gründeten die beiden Männer »Grameen Danone Foods«. Dieses Unternehmen stellt nun mit der Kenntnis von Danone den Joghurt »Schokti Doi« her, der mit Vitamin A, Zink und Jod besonders wichtig für die Kinder in Bangladesch ist. Ein Becher von 80 Gramm deckt den Tagesbedarf eines Kindes zu 30 Prozent. Ein Becher kostet 6 Cent, was dem lokalen Preis für Lebensmittel entspricht.

In Bogra wurde eine Fabrik eingerichtet, die fünfzig Menschen beschäftigt. Dort wird der Joghurt mit Milch von Bauern aus der Umgebung hergestellt. Und damit sie sich eine Milchkuh zulegen können, vergibt die Grameen Bank Mikrokredite von durchschnittlich 30 bis 40 Euro Tierärzte kontrollieren kostenlos die Gesundheit der Kühe und damit auch die Qualität der Milch. Verkauft werden die Joghurtbecher von »Grameen Dadies«, einheimischen Frauen, die mit einer Kühltasche von Hütte zu Hütte gehen und sich so etwas für ihren Lebensunterhalt verdienen.

Bis 2016 sollen fünfzig Fabriken dieser Art über ganz Bangladesch verteilt Joghurt produzieren, um weite Transportwege mit Kühlwagen zu vermeiden. Ursprünglich hatten die beiden Gründer vorgesehen, dass eine Rendite von maximal einem Prozent ausgezahlt werden solle. Doch selbst darauf verzichtete Danone-Chef Franck Riboud inzwischen. Erwirtschafteter Gewinn wird jetzt ganz in das soziale Unternehmen reinvestiert.

Wenn ein Unternehmer bekennt, seine Verantwortung ende nicht an der Bürotür, so wie es Danone-Gründer Antoine Riboud sagt, dann wird er auch dafür sorgen, dass seine Mitarbeiter lernen, sich selbst in die Pflicht zu nehmen. Seit mehr als dreißig Jahren legt Danone Wert auf eine von Verantwortung und Ethik getragene Unternehmenskultur. Wie es die Geschichte um den Lehrling und seine Verantwortung für die Portokasse in meinem Lesebuch in der Grundschule erzählte, so erhalten die Mitarbeiter sehr früh einen Vertrauensvorschuss, damit sie kraft ihrer Verantwortung an der jeweiligen Aufgabe wachsen können.

Nur wenn die Mitarbeiter eines sozial engagierten Unternehmens die ethisch ausgerichtete Unternehmenskultur kennen, verstehen und auch akzeptieren, werden sie fast automatisch den Unternehmenszielen entsprechend verantwortlich handeln. Dazu bedarf es jedoch Grundregeln der Unternehmensführung, in denen ein System monetärer und nichtmonetärer Anreize verankert ist, die zur Übernahme von Verantwortung und ethischem Handeln verlocken. Das können besondere Boni-Zahlungen sein oder aber auch attraktive Aus- und Fortbildungsprogramme, die für die Karriereplanung wichtig sind.

Danone beschäftigt rund 80 000 Mitarbeiter in der ganzen Welt. Die tausend Manager in den höchsten Positionen des Unternehmens erhalten einen Bonus, der nach drei Kriterien bemessen wird. Zwei Drittel errechnen sich aus dem finanziellen Erfolg und speziellen unternehmerischen Antriebsfaktoren. Das übrige Drittel ist ein »Ethikbonus«. Er hängt davon ab, ob der betreffende Manager die vorgegebenen sozialen und auf die Mitarbeiter bezogenen Ziele erreicht hat. Das heißt zum Beispiel auch, Teammitglieder bei ihrer Weiterentwicklung zu unterstützen. »Wir haben einfach zu messende Kriterien festgelegt«, sagt Personalchefin Muriel Pericaud, »wie etwa die Anzahl der Schulungsstunden, die

die Mitarbeiter erhalten, Leistung bei Audits im Rahmen von Danone Way Fundamentals, Arbeitsschutzstatistiken und CO_2-Reduzierung. Erzielen die Führungskräfte ihre Mindestziele nicht, müssen sie einen Aktionsplan zur erheblichen, messbaren Verbesserung im kommenden Jahr vorlegen.«

Um ethische Grundsätze und die daraus sich ergebende Verantwortung in einem Unternehmen zu verankern, schlagen Experten vor, »ethische Inseln« einzurichten und »Ethik-Audits« durchzuführen.

Unter »ethischen Inseln« versteht man informelle Kommunikationsnetzwerke, mit denen die Mitglieder versuchen, ethische Konflikte, die sie als Folgen ihres Handelns ausmachen, zu diskutieren, um gemeinsam eine verantwortungsvolle Lösung zu finden. Über ein dezentrales Netzwerk, das die Inseln miteinander verbindet, soll so im ganzen Betrieb die angestrebte Unternehmenskultur verbreitet werden.

Mit »Ethik-Audits« wird dann analysiert und kontrolliert, in welchem Umfang die ethischen Vorgaben des Unternehmens auch umgesetzt werden.

Es ist nicht verwunderlich, dass eine Personalchefin so redet. Ethische Unternehmenskultur dient der Motivation von Mitarbeitern und damit dem Eigeninteresse der Firma, was vor dem Hintergrund der demografischen Entwicklung in Europa von großer Bedeutung ist. Denn für Unternehmen wird es immer wichtiger, Fachkräfte zu halten. Hier befruchten sich Eigeninteresse und das Gemeinwohl gegenseitig.

Wie zu Zeiten des Ehrbaren Kaufmanns wird ein Unternehmen auch heute nur dann langfristig am Markt erfolgreich sein, wenn es den Ruf hat, Verantwortung ernst zu nehmen. Ein guter Ruf ist eben Gold wert.

Denn Vertrauen in das verantwortliche Handeln eines anderen mindert die Sorge, von diesem durch opportunistisches Verhalten geschädigt zu werden. Und je mehr man über die Kultur eines Unternehmens weiß, desto leichter kann man einschätzen, ob es vertrauenswürdig ist. Dabei ist Vertrautheit immer die Erfahrung aus der Vergangenheit, während Vertrauen in die Zukunft gerichtet ist.

Vertrauen in zukünftiges Verhalten eines Geschäftspartners entwickelt man, wenn man weiß, dass er in der Vergangenheit verantwortungsvoll gehandelt hat.

Zunächst muss in einem Unternehmen Vertrauen bei den Mitarbeitern wachsen, was von der Berechenbarkeit der Führung, die Begabungen fördert und zu eigenverantwortlichem Handeln ermutigt, sowie von Offenheit und Konstanz abhängt.

Unternehmen, die auf nachhaltige Entwicklung setzen und in vertrauensbildende Maßnahmen investieren statt auf schnellstmögliche Gewinnmaximierung, sind nach einer Untersuchung des Instituts der deutschen Wirtschaft Köln erfolgreicher: Der Vergleich der Wertentwicklung von 120 mittelständischen Unternehmen, die sich in Familienhand befinden, mit den deutschen DAX-30-Unternehmen ergab: Von 2004 bis 2009 erhöhte sich der Wert der DAX-30-Unternehmen um rund 30 Prozent, während die Familienunternehmen mit 60 Prozent doppelt so gut abschnitten.

Leider handeln nicht alle Unternehmen verantwortlich, selbst wenn es in ihrem eigenen Interesse läge. Das hat die

Finanzkrise belegt. Der entscheidende Grund dafür liegt in der Tatsache, dass Verantwortung in der Wirtschaft auf einer sozial verantwortlichen ethischen Grundorientierung basieren muss. Das hat Wilhelm Röpke, einer der Väter der sozialen Marktwirtschaft, schon vor mehr als fünfzig Jahren gesagt: »Selbstdisziplin, Gerechtigkeitssinn, Ehrlichkeit, Fairness, Ritterlichkeit, Maßhalten, Gemeinsinn, Achtung der Menschenwürde des anderen, feste sittliche Normen – das alles sind Dinge, die die Menschen bereits mitbringen müssen, wenn sie auf den Markt gehen und sich im Wettbewerb miteinander messen. Sie sind die unentbehrlichen Stützen, die beide vor Entartung bewahren.«

Ohne gesellschaftliche Regeln kann kein Vertrauen wachsen, weil sonst Betrug und Korruption, Raffgier und Vertragsbruch, Schwarzarbeit und Ausnutzung des Sozialstaats begünstigt werden.

Eigentum verpflichtet

Als Armin Falk am Ende des Studiums der Volkswirtschafts-
lehre seine Diplomarbeit über »Ökonomie des Vertrauens«
schreiben wollte, fand er keinen Professor, der seine Arbeit
betreuen mochte. Vermutlich hatte Falk zu früh ein grund-
sätzliches Thema erkannt, das seit der letzten Finanzkrise zum
Kernbegriff in der wirtschaftlichen Diskussion geworden ist.

Heute ist Armin Falk selber Professor für Verhaltensökonomie in Bonn. Und er erschüttert mit seinen Forschungen
über das menschliche Verhalten im Wirtschaftsleben das bisher
gängige Bild eines von Eigennutz motivierten Homo oeconomicus, auf das sich die klassische Ökonomie beruft. Die
ging davon aus, dass Menschen vollkommen rational handeln,
um ihren eigenen Nutzen zu mehren. So als wüsste der Homo
oeconomicus zu jedem Zeitpunkt ganz genau, was er will, um
nach Möglichkeit das Maximum für sich selbst herauszuholen.
Aber handelt er dann noch gerecht, fair und solidarisch?

Gerechtigkeit, Fairness und Ehrlichkeit sind für die Deutschen laut einer Umfrage des Stern die wichtigsten ethischen
Werte. Darauf folgen Verantwortung und Verlässlichkeit,
schließlich Anstand und Solidarität.

Jeder hat intuitiv eine Vorstellung davon, was er für gerecht,
fair und solidarisch hält. Doch wenn sie gerecht, fair oder

solidarisch handeln sollen, stehen die meisten vor schwierigen Entscheidungen. Schwierig sind diese Entscheidungen, weil moralisch richtiges Verhalten häufig mit persönlichem Verlustrisiko verbunden ist.

Professor Armin Falk geht davon aus, dass der Mensch Handlungen als gerecht »empfinden kann«. Das Wort »empfinden« drückt schon aus, was ihn motiviert, er lässt sein Gefühl sprechen und entscheidet nicht nur nach der Vernunft.

Um seine These zu überprüfen, machte Falk ein Experiment mit zwei Personen: Einer bekommt vom Versuchsleiter zehn Euro. Diesen Betrag kann er nach Belieben mit der anderen Person teilen, wobei der andere die Aufteilung entweder akzeptieren oder den Vorschlag ablehnen muss. Wenn er die Aufteilung akzeptiert, wird das Geschäft gemacht. Wenn er ablehnt, bekommen beide nichts. Nach dem alten ökonomischen Modell würde man erwarten, dass jemand akzeptiert, selbst wenn er von zehn Euro nur einen abbekommt. Denn die Vernunft sagt ihm, selbst ein Euro ist besser als nichts. Im Experiment verhält sich der Mensch aber anders: Angebote, die bei weniger als 40 Prozent liegen, lehnt er grundsätzlich ab. Lieber nimmt er gar nichts, als dem anderen 80 Prozent zu überlassen. So bestraft derjenige, der nichts hat, den Besitzenden und ist sogar bereit, den Schaden auf sich zu nehmen.

Aus dem Gefühl heraus, ungerecht behandelt zu werden, verzichtet der Mensch. Er rächt sich lieber. Das Gefühl siegt über die Vernunft. Die menschliche Fähigkeit, das wirtschaftliche Selbstinteresse wegen des Gefühls der ungerechten Behandlung zurückzustellen, hält die Hirnforscherin Daria Knoch von der Universität Zürich für einen Meilenstein zivilisierten Verhaltens. Dieses Verhalten zeige, dass die Regeln des Handelns nicht nur durch rechtliche Vereinbarungen bestimmt werden, sondern auch durch unser kulturell geprägtes Empfinden für Gerechtigkeit.

Was aber ist Gerechtigkeit?

Gerechtigkeit ist wohl die Tugend, die am schwierigsten zu definieren ist. Und nach Meinung der alten griechischen Philosophen ist sie die höchste Tugend im sozialen Zusammenleben. Schon Aristoteles unterscheidet zwischen

- ausgleichender Gerechtigkeit: Sie regelt das Verhältnis zwischen Gleichen. Im Tausch müssen Leistung und Gegenleistung sich entsprechen, und
- zuteilender Gerechtigkeit: Sie regelt das Verhältnis zwischen Ungleichen. Teilt etwa der Staat als übergeordnete Instanz verschiedenen (untergeordneten) Menschen etwas ohne Gegenleistung zu, so sollen alle gleich behandelt werden.

Gerecht handelt also derjenige, der das Prinzip der Gleichheit beachtet, der unparteilich entscheidet und sich danach richtet, dass Willkür verboten ist.

Untrennbar ist mit dem Begriff Gerechtigkeit der Begriff Solidarität verbunden.

Mit dem Aufkommen der sozialen Frage im 19. Jahrhundert entwickelt sich auch der Begriff der »sozialen« Gerechtigkeit. Hier wird Solidarität mit Gerechtigkeit vermengt. Doch zu Recht befremdet diese Vermischung, weil – so der Philosoph Otfried Höffe – »die Gerechtigkeit doch per definitionem sozial ist«. Und um seine Aussage zu begründen, führt Höffe die »Tauschgerechtigkeit« an, wonach schon seit Menschengedenken Ältere und Jüngere ihre altersspezifischen Fähigkeiten und Erfahrungen austauschen. Kinder wachsen unter der Obhut von Eltern heran, die sie wiederum im Alter begleiten. Wegen der veränderten Verhältnisse wurde inzwischen aus der traditionellen Sippenhaftung in den reichen Industriestaaten der Generationenvertrag.

Doch der Begriff »soziale Gerechtigkeit«, so ungenau er sein mag, ist aus dem Sprachgebrauch nicht wegzudenken, also bleibt uns nichts anderes übrig, als mit ihm zu leben. Wir wissen ja, was damit gemeint ist.

Papst Pius XI. hat die »soziale Gerechtigkeit« in seiner Enzyklika Quadragesimo (1931) in die kirchliche Soziallehre eingeführt, und seitdem wird sie häufig in kirchlichen Texten beider Konfessionen gebraucht.

In den letzten Jahrzehnten hat die »soziale Gerechtigkeit« auch in der Politik eine so hohe Bedeutung bekommen, dass manche sie zur Richtschnur demokratischer Politik erklärten. Kaum ein Parteitag in Deutschland vergeht, auf dem nicht Freiheit, Gerechtigkeit und Solidarität auf den Plakaten eingefordert werden. Und sowohl bei der Union als auch bei der SPD kommt das Streben nach »sozialer« Gerechtigkeit in den Parteiprogrammen dutzendfach vor.

Nur die klassischen Liberalen in Politik und Ökonomie wollen von »sozialer Gerechtigkeit« wenig hören. Der Ökonom Friedrich A. von Hayek hält den Begriff für inhaltslos und sagt: »Der Grund dafür, dass die meisten Leute weiterhin fest an eine soziale Gerechtigkeit glauben, auch wenn sie entdeckt haben, dass sie nicht wissen, was sie bedeutet, liegt darin, dass sie meinen, es müsse etwas an dieser Phrase sein, wenn fast alle an sie glauben.« Und der ehemalige FDP-Wirtschaftsminister und spätere Ehrenvorsitzende der Partei, Otto Graf Lambsdorff, ging besonders hart mit der »sozialen Gerechtigkeit« um. Er schrieb in der Neuen Zürcher Zeitung: »Während die ›adjektivlose‹ Gerechtigkeit als Regelgerechtigkeit, welche die Gleichheit vor dem Gesetz postuliert, klare Grenzen von Macht definiert, definiert ›soziale Gerechtigkeit‹ nichts. Sie liefert der Politik eine ›Rechtfertigung‹, in prinzipienloser Weise Sonderinteressen zulasten der Allgemeinheit zu bedienen.«

Allerdings haben schon die Väter des Grundgesetzes anders gedacht. Als es darum ging, welches die wesentlichen Eigenschaften des neuen Staates sein sollten, schlug der SPD-Vertreter Carlo Schmid im Grundsatzausschuss des Parlamentarischen Rates vor, man möge von einem »sozialen Rechtsstaat« oder von einer »sozialen Republik« sprechen. Und so steht denn als Staatsziel in Artikel 20 Absatz 1 des Grundgesetzes: »Die Bundesrepublik Deutschland ist ein demokratischer und sozialer Bundesstaat.«

Und später wird das Sozialgesetzbuch in seinem ersten Paragraphen festhalten, dass es zur Verwirklichung »sozialer Gerechtigkeit« »Sozialleistungen gestalten« und dazu beitragen solle, »ein menschenwürdiges Dasein zu sichern«.

Auch dieser Satz drückt nur ein Staatsziel aus, das kein Bürger einklagen kann, doch im Grundgesetz steht auch noch, dass »Eigentum verpflichtet. Sein Gebrauch soll zugleich dem Wohle der Allgemeinheit dienen.« (Artikel 14.2 GG) Das aber bedeutet, dass die Politik Gesetze und Vorschriften erlassen kann, um Maßnahmen durchzusetzen, die »soziale Gerechtigkeit« befördern. Das führt allerdings dazu, dass der Staat Einnahmen von denen erhebt, die mehr haben, um sie denen zu geben, die weniger haben.

Aus diesem sozialen Grundgedanken entwickelt der Philosoph John Rawls seine »Theorie der Gerechtigkeit«. Danach misst sich die Ungleichheit des Menschen an seinen »social assets«, seinen sozialen Ressourcen, und die gilt es auszugleichen, um »soziale Gerechtigkeit« herzustellen. Es entspricht zumindest dem Gedanken der Solidarität, dass der Schlechtergestellte besser gestellt wird, selbst wenn dies auf Kosten des Bessergestellten geschieht.

Für Vertreter des klassischen Liberalismus, die so viel Marktfreiheit wie möglich und so wenig Staat wie nötig fordern, ist diese Vorstellung ein Grauen. Deshalb äußert sich auch der Hayek-Schüler Roland Baader vernichtend zur »sozialen Gerechtigkeit«, die er als Synonym »für Unfreiheit, Rechtsbruch (Ungerechtigkeit), politische Willkür und Totalitarismus« bezeichnet.

Zu diesem Ergebnis kann man nur kommen, wenn man die Motive des Menschen zum bewussten Handeln völlig einseitig auf sein Eigeninteresse reduziert. Diese Vorstellung ist jedoch grundfalsch.

Denn der Mensch ist keine Gelddruckmaschine.

Er besteht aus mehr als nur wirtschaftlicher Vernunft. Er mag politisch denken oder sozial, gefühlig, religiös und naturverbunden sein, wesentlich für sein Verhalten aber ist das Vertrauen in andere. In einer repräsentativen Studie hat Professor Armin Falk festgestellt, dass dieses »auf jemanden vertrauen« schon im Kindesalter gelernt wird. »Wenn die Eltern vertrauen, vertraut auch das Kind. Wenn die Eltern risikobereiter sind, sind auch die Kinder risikobereiter, selbst wenn sie längst nicht mehr zu Hause leben.«

Der Verhaltensökonom meint sogar nachweisen zu können, dass nicht nur die Sozialisation dabei eine Rolle spielt, sondern dass eine bestimmte Genmutation zu mehr Vertrauen führt. Wenn aber das Vertrauen missbraucht wird, wenn ein Mensch sich unfair behandelt fühlt, dann kann sich das direkt in körperlichen Reaktionen ausdrücken, wie ein Experiment zeigte.

Professor Falk wies zwei Versuchspersonen je eine hierarchisch bestimmte Position und eine dementsprechende Tätigkeit zu: »Einer bekam die Rolle des Chefs, der andere die des Arbeiters. Der Arbeiter bekommt Blätter mit Nullen und Einsen. Er muss die Nullen zählen und in den Computer eingeben, eine regelrechte Idiotenaufgabe. Wenn das Ergebnis stimmt, erwirtschaftet er mit jedem Blatt einen Mehrwert von drei Euro. Am Ende darf der Chef das Geld zwischen beiden aufteilen.«

Der Chef kann währenddessen lesen, für die Uni lernen, faulenzen. Seine Aufgabe ist es nur, den Arbeiter nach eigenem Gutdünken zu bezahlen. »Eine Aufteilung wie im richtigen Leben: Kapital und Arbeit«, so Falk: »Wenn der Arbeiter eine gewisse Summe erwirtschaftet hat, fragt ihn der Leiter des Experiments: Was wäre denn ein fairer Anteil? Im Schnitt verlangen die Arbeiter etwa zwei Drittel. Die Chefs geben ihnen aber nur etwa 40 Prozent. Wir erzeugen also eine Diskrepanz zwischen dem, was der Arbeiter fair finden würde, und dem, was er tatsächlich bekommt. Mittels EKG können wir an seiner Herzfrequenz ablesen, wie gestresst er ist. Je stärker die Bezahlung von dem abweicht, was der Arbeiter als fairen Anteil genannt hat, desto schlimmer sind die Stress-Symptome. Fairness hat also eine unmittelbare physiologische Konsequenz.«

Wer sich gerecht behandelt fühlt, neigt eher zu solidarischem Verhalten. Als in der Wirtschaftskrise die in der Nähe von Frankfurt am Main angesiedelte Firma Fujitsu Semiconductor Europe ihre Aufträge im ersten Halbjahr 2009 einbrechen sah, überlegte die Unternehmensführung, wie es ihr gelingen könnte, ohne Entlassungen durch die Rezession zu kommen. Das Unternehmen beschäftigte 350 Mitarbeiter an vier europäischen Standorten. Jeder Mitarbeiter erhielt ein Grundgehalt und einen variablen Bonus, der sich bei einem Anfänger auf ungefähr 10 Prozent, bei einer erfahrenen Fachkraft auf 20 Prozent und bei einer Führungskraft auf 30 Prozent der Vergütung belief. Die Geschäftsführung schlug nun vor, die Boni um 70 Prozent zu kürzen. Diese Idee in die Wirklichkeit umzusetzen, war allerdings nicht leicht. Denn »da wir keinem Tarif angehören und auch keinen Betriebsrat haben, musste jeder Mitarbeiter einzelvertraglich der Bonuskürzung zustimmen«, erklärte Personalchef Axel Tripkewitz.

Doch er hatte nicht mit dem Sinn für Gerechtigkeit und Solidarität innerhalb der Belegschaft gerechnet. Innerhalb von drei Tagen unterschrieben alle Mitarbeiter aller europäischen

Niederlassungen die Bonikürzung, und betriebsbedingte Kündigungen wurden verhindert. Als die Umsatzdelle ausgebügelt war, wurde die Kürzung zurückgenommen.

Dies ist kein Einzelfall. Auch das Elektronik-Unternehmen Phoenix Contact aus Blomberg im Sauerland meldete Kurzarbeit an. Da dies für die Betroffenen eine Kürzung der Gehälter um etwa 7 Prozent bedeutete, senkte auch die Geschäftsführung ihre Einkommen um den gleichen Anteil. Die Belegschaft fühlte sich gerecht und solidarisch behandelt.

Das Wesen einer gerechten und solidarischen Gemeinschaft lässt sich nach den Worten des amerikanischen Harvard-Ökonomen John Kenneth Galbraith in knappen Worten definieren: »Jeder Bürger sollte die Chance haben, ein erfülltes Leben zu führen.« Und dazu gehört, mit all den nötigen Einschränkungen, die Befähigung und Leistungskraft des Einzelnen betreffend, dass die Wirtschaft jedem die Chance auf Beschäftigung geben muss. Dieses ideelle Ziel ist jedoch schwer zu erreichen. Denn die soziale Frage selbst in solidarisch denkenden Gesellschaften besteht heute nicht mehr im Gegensatz zwischen Unternehmer und Arbeiter, sondern zwischen Reich und Arm, zwischen Beschäftigten und Arbeitslosen.

In Deutschland stellte der Sachverständigenrat fest, dass die Tarifpolitik die Besitzer von Arbeitsplätzen schützt und die Arbeitslosen zu Outsidern werden lässt. Diese Lage trägt mit dazu bei, dass der Anstieg der Arbeitslosigkeit schubweise stattfindet und auf einem hohen Sockel bestehen bleibt. In den Rezessionen der siebziger, der achtziger und der neunziger Jahre stieg die Zahl der Arbeitslosen in Deutschland um jeweils etwa eine Million, doch sie sinkt in Zeiten der guten Konjunktur nicht so nennenswert wie in den USA. Deshalb fordert der Philosoph Otfried Höffe, der Rechtsrahmen »für Lohnfindung und Tarifpolitik« sei »im Namen der Gerechtigkeit zu ändern«.

Im wirtschaftlichen Handeln spielt die Wahrnehmung von Gerechtigkeit eine bisher unterschätzte Rolle. Studien ergaben, dass Personen, die sich unfairen Situationen ausgesetzt sehen, nicht nur körperlich reagieren, sondern sogar ihr Verhalten ändern, und zwar entweder gegenüber der Person, die sie unfair behandelt hat, oder auf dem Gebiet, auf dem die Regeln der Fairness nicht eingehalten wurden. So haben Menschen, die der Meinung sind, Manager zahlen zu wenig Steuern, eine geringere Arbeitsmoral und melden sich häufiger krank als ihre Kollegen, die diese Meinung nicht teilen. Denn auch bei der Vergütung erwarten die arbeitenden Menschen Gerechtigkeit.

Lohn und Leistung

Der Maschinenbauer Hermle hat vor zehn Jahren seine letzte Stellenanzeige für einen herkömmlichen Job geschaltet. Unternehmenschef Dietmar Hermle berichtet in der SZ: »Wir bekommen laufend Anfragen: Darf ich bei euch arbeiten?« Er leidet nicht unter den Nachwuchsproblemen und dem Fachkräftemangel, der im deutschen Maschinenbau herrscht.

Hermle aus Gosheim auf der Schwäbischen Alb ist der bedeutendste Fräsmaschinenhersteller der Welt. Die Firmenkultur macht den Betrieb als Arbeitsstelle attraktiv. Und das nicht nur, weil jede Stunde und Überstunde bezahlt wird. Gleitzeit und Arbeitszeitkonten gibt es bei Hermle schon seit jeher. Und damit das private Wochenende nicht zerstört wird, herrscht auch ein striktes Arbeitsverbot an Samstagen und Sonntagen. Die Mitarbeiter werden gut bezahlt und können an ihrem Arbeitsplatz fast alles selbst regeln. »Wir geben nur klare Sicherheitsstandards vor, und natürlich sind Liefertermine genau einzuhalten«, sagt Dietmar Hermle. »Ich kann doch Menschen, die Verantwortung für 300 000 Euro teure Maschinen tragen, nicht vorschreiben, was sie tun und lassen sollen.« So gibt es im Firmengebäude Bier in den Getränkeautomaten und Raucherecken, für die man nicht ausstempeln muss. Hermle ist überzeugt, dass ohne starre Regeln bei der Arbeit unter dem Strich mehr herauskommt. Denn die Kollegen greifen schon ein, wenn jemand seine Freiheiten überzieht.

Während der Wirtschaftskrise ist der Umsatz bei Hermle um 60 Prozent eingebrochen. Doch niemand wurde entlassen, stattdessen setzte man auf Kurzarbeit und Weiterbildung. Der Unternehmer denkt eben langfristig, hat den demographischen Wandel im Auge und deswegen auch die Ausbildungsquote auf 15 Prozent erhöht. Das ist fast das Dreifache der durchschnittlichen Quote im Bundesgebiet.

Im deutschen Mittelstand scheint der Ehrbare Kaufmann noch Anhänger zu haben.

Doch immer weniger Menschen erhalten eine gerechte Vergütung.

Nicht nur in Deutschland können viele Arbeiter ihre Familien nicht mehr von ihrem Lohn allein ernähren. In der Wirtschaft sind in den letzten Jahren die Zahlen der Leiharbeiter wieder kräftig angestiegen – auf mehr als 700 000. Der Grund dafür ist nicht nur die angebliche Flexibilität dieser Arbeiter, sondern auch die Höhe der Vergütung.

Leiharbeiter verdienen nach Angaben der Bundesregierung mit 1393 Euro monatlich nur halb so viel wie sozialversicherungspflichtige Angestellte, deren Einkommen bei durchschnittlich 2676 Euro liegt.

Mehr als 10 Prozent der Leiharbeiter im Westen und gut 20 Prozent im Osten verdienen sogar weniger als 1000 Euro brutto im Monat, obwohl sie Vollzeit arbeiten. Das zwingt viele zum Zweitjob am Abend oder dazu, Hilfe beim Staat zu beantragen. Jeder achte Leiharbeiter ist ein sogenannter »Aufstocker«, das heißt, er ist auf zusätzliche Leistungen aus den Sozialkassen angewiesen – so die Zahlen Mitte 2010. Die Gefahr zu verarmen, ist bei Leiharbeitern fast fünfmal so groß wie in der Gesamtwirtschaft. Und jedes Jahr steigt die Zahl der »Aufstocker«, 2010 lag sie im Schnitt bei 1,38 Millionen. Das waren 4,4 Prozent mehr als 2009 und 13,5 Prozent mehr als 2007. Firmenchefs nehmen bewusst in Kauf, dass gering entlohnte Mitarbeiter auf staatliche Zusatzleistungen angewiesen sind.

Was sind die Maßstäbe für eine gerechte Vergütung?

Der Vordenker des freien Marktes, Adam Smith, erklärte in seiner berühmten Studie über den »Wohlstand der Nationen«, der Lohn müsse mindestens hoch genug sein, um die Kosten abzudecken, die eine durchschnittliche Familie zum Leben benötigt. Damit sprach Smith sich für eine relativ hohe Bezahlung durch einen freien Arbeits- und Kapitalmarkt aus, dem er mehr vertraute als der staatlichen Sozialhilfe.

Otfried Höffe nennt einige heute geltende Grundregeln für die gerechte Vergütung:

1. Für fleißige Arbeit soll man den Lebensunterhalt für sich und seine Familie verdienen können.
2. Je höher die Leistung, desto höher die finanzielle oder nichtfinanzielle Vergütung.
3. Die Vergütung soll nicht bloß die bisherige Leistung entgelten, sondern auch zu künftiger Leistung anspornen.

4. Zur Vergütung gehört nicht nur ein Entgelt, sondern sie erfolgt auch darüber hinaus in Ehre, Chancen der Selbstverwirklichung, in Reputation.

In dem Begriff Leistung steckt auch der Begriff Verantwortung. Denn je höher die Verantwortung ist, die ein Arbeitnehmer trägt, desto mehr soll er auch verdienen. Aber Verantwortung kann auch eine Last sein. Ein ordentlicher Manager fühlt sich nicht nur für das wirtschaftliche Gelingen in seinem Geschäftsbereich verantwortlich, sondern auch für die Arbeitsplätze seiner Mitarbeiter.

In den letzten Jahren hat sich aber im Wirtschaftsleben die Tendenz durchgesetzt, die Vergütung der ohnehin wenig Verdienenden noch weiter zu senken, die der Bessergestellten aber zu erhöhen. Dadurch wächst die Kluft zwischen Arm und Reich nicht nur, sondern die Schlechtergestellten werden durch ihre ungerechte Entlohnung auch noch gedemütigt. Begründet wird die Lohnsenkung häufig damit, dass gewisse Berufsgruppen für faul erklärt werden oder behauptet wird, es fehle ihnen an Bildung.

Für manchen Unternehmer, der sich hauptsächlich am Gewinn orientiert, wäre es gut, wenn er sich an dem italienischen Nudelfabrikanten Enzo Rossi orientieren würde. Der zweiundvierzigjährige Rossi lebt in einer schönen Villa in der Nähe von Ascoli Piceno in der italienischen Region Marken und beschäftigt in seiner Pasta-Fabrik »Maccheroncini di Campofilone« zwanzig Leute. Um seinen Töchtern zu demonstrieren, wie ein Arbeiter von einem normalen Einkommen lebt, beschlossen Rossi und seine Frau, die in der Fabrik mitarbeitet, einen Monat lang mit jeweils einem Lohn von tausend Euro auszukommen. Aber nachdem sie die durchschnittlichen Festkosten abgezogen hatten, die ihre Mitarbeiter für Miete, Versicherung und andere Verbindlichkeiten auch zahlen würden, blieb kaum Geld übrig. Die Familie kaufte nur in Billig-Supermärkten ein und erlaubte sich nur zwei Besuche in einer preisgünstigen Pizzeria. Das Experiment war ernüchternd.

»Da habe ich mich geschämt«, sagte Rossi, »denn auf das Jahr berechnet hätten wir 120 Tage lang kein Geld gehabt. Und das bedeutet, nicht nur arm, sondern völlig verzweifelt zu sein.« Er wunderte sich nun nicht mehr, dass seine Angestellten immer wieder vor Monatsende wegen eines Vorschusses anfragten. Und er zeigte sich einsichtig. Allen Mitarbeitern wurde das Gehalt um 200 Euro erhöht. Rossi ist der Meinung, dass Mitarbeiter nur gut und zuverlässig arbeiten, wenn sie keine finanziellen Sorgen haben. Er fasste seine Erfahrungen so zusammen: »Wenn man plötzlich kein Geld mehr hat, dann fühlt sich das an, wie zwanzig Meter unter Wasser zu sein und keinen Sauerstoff mehr zu haben.«

Es ist eine krasse Ungerechtigkeit, dass Frauen allein wegen ihres Geschlechts immer noch schlechter bezahlt werden als Männer.

Das wird sich in Deutschland nur ändern, wenn die Einsicht in den Unternehmensleitungen keimt, dass Frauen in Führungspositionen gehören.

»Man kann die Frauenquote auch anders nennen« sagt Daimler-Chef Dieter Zetsche dazu, »für mich ist das ein

Unternehmensziel. Wir sprechen bei Daimler von Vielfalt im Personal, und dazu gehört das Unternehmensziel, Frauen in Führungspositionen zu bringen.«

Zetsche, der für Mercedes in Brasilien und Argentinien gearbeitet hat, lernte das, was er die »amerikanische« Gleichberechtigung nennt, spätestens in Detroit als Chef von Chrysler kennen. Dort sei schon längst umgesetzt, sagt er, was er jetzt als Unternehmensziel bei Daimler verwirklichen möchte: Bis 2020 soll die Zahl der Frauen in Führungspositionen von ursprünglich 7 Prozent auf 20 Prozent steigen. Diese Vorgabe machte Zetsche gleich bei Antritt seines Amtes als Vorstandsvorsitzender im Jahr 2006. Doch dann stellt er fest, »es wird viel davon geredet, aber wenig umgesetzt«.

Also verkündete er im Jahr 2011, das Unternehmensziel »Frauen in Führungspositionen« werde von nun an genauso behandelt wie ein wirtschaftliches Unternehmensziel, denn »wenn im Mercedes immer mehr Frauen hinter dem Steuer sitzen, dann müssen auch bei Daimler mehr Frauen ans Steuer«.

Inzwischen sitzen zwei Frauen im Aufsichtsrat bei Daimler. Eine Frau hat Zetsche in den Vorstand geholt und eine zur Chefjuristin ernannt. An allen deutschen Standorten werden Kitaplätze eingerichtet, in denen Mütter ihre Kinder auch im Alter von unter drei Jahren gut aufgehoben wissen. Konferenzen sollen nicht mehr nach 19 Uhr stattfinden, die Viertagewoche wird als Möglichkeit angeboten, in einem Fall wurde sogar die Leitung eines Projekts mit zwei Frauen in Teilzeit besetzt. Der Vorstand kümmert sich selbst um das Mentoring der vierzig wichtigsten Abteilungsleiterinnen, um sie auf höhere Aufgaben vorzubereiten.

Um aber auch auf den unteren Führungsebenen sein Ziel durchzusetzen, machte Zetsche eine Vorgabe: Damit im Jahr 2020 20 Prozent der Führungspositionen mit Frauen besetzt sind, müssen (ausgehend von 7 Prozent im Jahr 2007) jedes Jahr 1,2 Prozentpunkte der neu Angestellten weiblich sein. Das bedeutet, dass in manchen Abteilungen mindestens 30 Prozent der Neuangestellten Frauen sein müssen.

Dieses Ziel wird, wie jedes andere Unternehmensziel, nun jeden Monat kontrolliert. Seit dem Jahr 2011 gehört es sogar konkret zu den Zielvereinbarungen in den Verträgen von Führungskräften und macht sich deshalb auch beim Bonus bemerkbar. Wer sein Ziel verfehlt, wird am Jahresende 20 bis 30 Prozent weniger Bonus erhalten.

»Diese Maßnahme wirkt schon Wunder«, so der Daimler-Boss. Denn wer sein Ziel 2011 nicht erreicht, hat nicht nur einen finanziellen Verlust zu tragen, sondern wird 2012 ein noch höheres Ziel erfüllen müssen, das sich dann wiederum im Bonus spiegelt.

Wenn es ums Geld geht, versteht jeder die Ernsthaftigkeit der Zielvorgabe. So konnte Zetsche schon im ersten Halbjahr 2011 zufrieden feststellen, dass fast in allen Bereichen nach sechs Monaten das Ziel für das ganze Jahr erfüllt worden war. Und er sagt voraus: »Ich habe null Zweifel, dass wir das Ziel von 20 Prozent Frauen in den Führungsetagen im Jahr 2020 erreichen werden.«

Der Philosoph John Rawls hält sogar ein Vergütungswesen für gerechter, bei dem der Mehrverdienst der Bestgestellten den weniger gut Bezahlten, vor allem aber den äußerst schlecht

Bezahlten zugutekommen soll. Fakt aber ist, die immer weiter auseinanderklaffende Schere zwischen Reich und Arm führt zu einer Auslöschung des Gemeinschaftsgedankens innerhalb der Gesellschaft.

Deshalb beklagt Nobelpreisträger Paul Krugman, seines Zeichens auch Ökonom, das Aussterben der Mittelschicht in den USA, weil sich gleichzeitig eine Plutokratie, die Herrschaft der Superreichen, breitmache, ohne dass die Mittel- und die Unterschicht davon profitierten.

Auch in Deutschland ist Anfang der neunziger Jahre bei den Top-Managern die Sucht nach amerikanischen Gehältern ausgebrochen. Ich erinnere mich an einen Abend mit dem damaligen Daimler-Chef Jürgen Schrempp, der, vom guten Bordeaux unseres Gastgebers angeregt, laut verkündete, er werde alles tun, um sein Gehalt auch auf amerikanisches Niveau zu heben. Dieses Verlangen bedeutete damals nichts anderes als eine Verdopplung seiner Bezüge. Der Wunsch nach diesem Aufstieg war wahrscheinlich nicht der alleinige Grund für die Übernahme des amerikanischen Autokonzerns Chrysler, aber ein heimliches Triebmittel mag das amerikanische Gehalt am Horizont schon gewesen sein. Diese Aktion hat Daimler dann Milliardenverluste beschert. Als Schrempp 2005 vom Aufsichtsrat aus seinem Amt gedrängt wurde, stieg die Aktie Daimler sofort um 10 Prozent. Er dagegen wurde nicht in den Aufsichtsrat berufen und erhielt keine Abfindung. Allerdings konnte er mit den ihm zustehenden Aktienoptionen einen zweistelligen Millionenbetrag einstreichen. Keiner kam auf die Idee, ihn für seinen Misserfolg finanziell verantwortlich zu machen.

Inzwischen kennen auch in Deutschland so manche Top-Manager kaum noch Grenzen nach oben. »Mit Marktwirtschaft hat das nichts zu tun«, schreibt Wolfgang Kaden, ehemaliger Chefredakteur des Manager-Magazins, im April 2011 auf Spiegel Online: »Grund für die Bonusexzesse sind äußerst fragwürdige Machtverhältnisse.«

Tatsächlich sind die Einkommen der Managerkaste in den letzten Jahren meist im zweistelligen Prozentbereich gestiegen, die der normalen Arbeitnehmer dagegen in der gleichen Zeit sogar gesunken. Weil die Wirtschaft nicht auf die öffentliche Kritik an dieser ungleichen Verteilung reagierte, handelte die Bundesregierung 2009 und beschloss das »Gesetz zur Angemessenheit der Vorstandsvergütung«. Allerdings ging die Regierung mit ihren unverbindlichen Soll-Vorgaben längst nicht so weit, wie etwa der Wirtschaftsrat der CDU, der im gleichen Jahr zehn Manager-Gebote vorschlug. Dort heißt es unter anderem:

»Langfristiger Unternehmenserfolg als Maßstab für Managervergütung.

Nur wer Leistung erbringt, kann Anspruch auf eine hohe Vergütung erheben. Versagen im Vorstand, im Aufsichtsrat und in der Bankenaufsicht muss mit persönlicher Haftung verbunden sein. Überhöhte Gehaltszahlungen sowie Abfindungen bei Misserfolg sind abzulehnen. Anreizsysteme sollten sich am langfristigen Erfolg des Unternehmens ausrichten. Die Festlegung von Vergütungshöhe und -struktur sollte im Rahmen eines eigenen Ausschusses dem Aufsichtsrat obliegen.«

Die Vorgabe klingt sehr vernünftig. Wer persönlich haftet, handelt vorsichtig. Kenner der Geschichte der Wall Street erinnern daran, dass die schlimmsten Finanzkrisen der letzten Jahrzehnte einen gemeinsamen Nenner hatten: Sie fanden statt, nachdem die Banker und Trader nicht mehr ihr eigenes Geld für die Risiken einsetzen mussten, die sie eingingen. Als ihre Firmen in Aktiengesellschaften umgewandelt wurden, spekulierten sie völlig ungehemmt mit dem Geld ihrer Gläubiger und Aktionäre, ohne dabei die geringste Verantwortung für fällige Verluste tragen zu müssen.

Doch in der Praxis scheren sich so manche Aufsichtsräte und Vorstände weder um dieses Gesetz noch um die Gebote des CDU-Wirtschaftsrates. Die Managergehälter steigen weiter. Im Jahr 2010 erhielten sieben Chefs von DAX-Konzernen ein Einkommen von jeweils mehr als fünf Millionen Euro. Die Einkommen der Vorstandschefs stiegen 2010 um etwa 16 Prozent. Im Vergleich dazu ist der Zuwachs der Tarifgehälter minimal, sie legten gerade mal um 1,6 Prozent zu.

Das war früher anders. In den USA galt die Regel, dass der Boss nicht mehr als das 20- bis 30-Fache eines gewöhnlichen Arbeitnehmers verdient. Das belief sich – im Wert des Jahres 2000 gerechnet – auf rund eine Million Dollar.

Doch seit den achtziger Jahren erleben wir eine Wende hin zur Maßlosigkeit. Die durchschnittliche Summe des Jahresverdienstes eines Vorstandschefs stieg auf 1,8 Millionen Dollar, in den Neunzigern schon auf 4,1 Millionen, zwischen 2000 und 2005 auf 5,2. Und seit 2010 liegt der Durchschnitt des Jahreseinkommens eines US-Vorstandsvorsitzenden sogar bei 15,6 Millionen Dollar. Das ist weit mehr als das 400-Fache eines Arbeitereinkommens.

In Deutschland verlief die Entwicklung nicht viel anders. Hier betrugen die Vergütungen eines Vorstandsvorsitzenden in den siebziger Jahren etwa das 40-Fache, heute aber das bis zu 300-Fache eines Arbeitnehmereinkommens.

Amerikanische Ökonomen entwickelten abstrakte Thesen, die Manager zu ihrem eigenen Nutzen auslegten und so den Weg zu den Riesengewinnen ebneten. Die Wissenschaftler sagten: Das finanzielle Interesse der Unternehmen müsse mit dem finanziellen Interesse ihrer Führungskräfte in Einklang gebracht werden. Deshalb sollten Manager Aktienoptionen erhalten, um ihre Antriebskraft zu fördern. Denn sie würden ja selbst am Gewinn beteiligt, wenn der Kurs steige.

In den achtziger und neunziger Jahren machten sich die Manager daran, mit allerlei Tricks die Aktienkurse zwischen dem Erhalt der Optionen und dem Verkauf so zu manipulieren, dass sich manche Bosse mit mehreren hundert Millionen Dollar Vermögen in den Ruhestand verabschieden konnten. Inzwischen ist der Umgang mit Optionen in den USA und auch in Deutschland gesetzlich geregelt. Das hat aber nicht etwa zu sinkenden Gehältern geführt, sondern die Betroffenen haben sich andere Formen der Bezahlung ausgedacht.

Mehr Bescheidenheit mahnte vor zwei Jahren schon Jürgen Weber, der ehemalige Chef der Lufthansa und ihr späterer Aufsichtsratsvorsitzender an: »Es ist eine gewisse Maßlosigkeit unter den Managern eingezogen.« Und »auch ein Spitzenmann sollte niemals mehr als das Hundertfache des durchschnittlichen Gehalts der Mitarbeiter bekommen«.

Legt man das Durchschnittseinkommen eines Arbeitnehmers in Deutschland von 30 000 Euro im Jahr zugrunde, würde nach dem Maßstab von Jürgen Weber ein Top-Manager immer noch drei Millionen Euro als Einkommen erhalten. Wahrlich eine stattliche Summe.

Die Macht und nicht der Markt bestimmt die Gehälter der Chefs.

Der Aufsichtsrat hat die Aufgabe, die Bezüge festzulegen. Das klingt auf den ersten Blick äußerst neutral und vernünftig. Doch die Wirklichkeit schlägt meist die Theorie. Denn in diesen Kontrollorganen macht man gern mal »Insidergeschäfte«. Dort sitzen auf der Bank der Kapitaleigner häufig amtierende Vorstände anderer Unternehmen oder ehemalige Vorstände, die manches Mal von denen ausgewählt werden, die sie überwachen sollen.

Da redet das Geld. Und alle anderen schweigen. Denn auf der Arbeitnehmerbank halten sich die Vertreter der Gewerkschaften nach dem Motto »nichts sehen, nichts hören, nichts sagen« Augen, Ohren und Mund zu. Ihrer Meinung nach ist die Bezahlung des Vorstands Sache des Kapitals. Es kostet das Geld der Aktionäre und nicht das der Beschäftigten. So antwortete auch der Gesamtbetriebsratsvorsitzende von VW, Bernd Osterloh, auf die Frage der FAZ, ob er das Jahresgehalt von 9,3 Millionen für Konzernchef Martin Winterkorn als gerecht empfände, der mache seinen Job »sehr gut. Deshalb sind wir uns auf der Arbeitnehmerseite im Aufsichtsrat einig, dass er das Geld verdient hat.«

Erstaunlichen Einblick in die Mitbestimmungspraxis bei Vorstandsbezügen gab der ehemalige IG-Metall-Chef Klaus

Zwickel, als er vor dem Düsseldorfer Landgericht im Prozess gegen den ehemaligen Vorstandsvorsitzenden von Mannesmann Klaus Esser und Aufsichtsratschef Klaus Funk aussagen musste. Beide hatten Prämien für etwas erhalten, wofür sie ohnehin bezahlt wurden. Klaus Esser sollte 16 Millionen Euro für seine Verhandlungsführung beim Verkauf von Mannesmann erhalten und Joachim Funk immerhin noch 4,5 Millionen, obwohl er inzwischen im Aufsichtsrat saß und die Geldverteilung selbst beschlossen hatte. Beide wurden schließlich wegen »treuwidriger Verschwendung« fremder Gelder verurteilt, und Bundesrichter Klaus Tolksdorf sagte in seiner Urteilsbegründung: »Die Angeklagten waren eben nur Gutsverwalter, nicht Gutsherren.« Der Gutsherr kann sein Geld verteilen, wie es ihm behagt, weil es ihm gehört. Wenn der Verwalter aber einen Teil des Vermögens einsteckt oder verteilt, aus welchem Grund auch immer, dann handelt er sittenwidrig. Esser und Funk wurden zu hohen Geldstrafen verurteilt.

Doch woran lag es, dass der im Aufsichtsrat sitzende IG-Metall-Chef Klaus Zwickel diese »treuwidrigen« Zahlungen nicht verhinderte?

Der Gewerkschaftsboss wand sich wortreich. Er befinde sich als Arbeitnehmervertreter in einem Zwiespalt. Wenn er den Gehaltsforderungen neuer Vorstandsmitglieder zustimme, bekomme er Ärger mit den Gewerkschaftsmitgliedern, weil sie die Höhe der Gehälter einfach als ungerecht empfänden. Vertrete er aber Gewerkschaftsinteressen, dann werde ihm von der Kapitalseite vorgeworfen, er handele den Unternehmensinteressen zuwider, die Forderungen seien angemessen und entsprächen internationalen Gepflogenheiten. Da wird der Begriff »Interesse« als positiver Begriff in der Argumentation benutzt, obwohl es doch eher um das negative Laster Gier des Vorstands geht.

Zwickel erklärte, es sei über Jahrzehnte »Mitbestimmungspraxis« in deutschen Aufsichtsräten gewesen, dass sich der Gewerkschaftsvertreter bei den Entscheidungen über Vorstandsgehälter der Stimme enthält. Da frage ich mich, weshalb Arbeitnehmer in dem Kontrollgremium sitzen, wenn sie so wichtige Entscheidungen einfach nur abnicken. Im Gerichtssaal schilderte Zwickel, wie die Entscheidung zustande kam.

Der Gewerkschafter war aus Wolfsburg zu einer Telefonkonferenz zugeschaltet gewesen. Er äußerte gegenüber den anderen Aufsichtsratsmitgliedern keine Bedenken gegen die Millionenzahlungen an Esser und Funk, ging aber davon aus, dass die Rechtmäßigkeit noch geprüft werde. Fast beiläufig gab er zu erkennen, so steht es in einem Bericht der SZ, »dass selbst von so hektisch gefassten Beschlüssen über Millionenbeträge keine Kopien angefertigt würden und mündliche Absprachen quasi ausreichten. Zwickel wehrte sich aber gegen den Vorwurf der Staatsanwaltschaft, er habe dem Beschluss nur zugestimmt, weil er geglaubt habe, dieser bleibe geheim. Das Tabu, über Gehälter zu sprechen, sei kein Ergebnis der Mitbestimmung.« Dennoch räumte Zwickel ein, »dass der Vertraulichkeit im Aufsichtsrat so etwas wie ›gedankliche Korruption‹ anhafte«.

Zu den Tabus gehört es erst recht, nicht über Nebenabsprachen, etwa üppige Pensionszahlungen und Dienstwagen bis ans Lebensende, in den Vorstandsverträgen zu sprechen.

Was dort noch versteckt gezahlt wird, erfährt man meist nur, wenn einer der Beteiligten Klage erhebt. So kam heraus, dass dem EnBW-Chef Utz Claassen nach nur vier Jahren als Vorstandschef mit einem Gehalt von rund vier Millionen Euro nach seinem Ausscheiden mit gerade einmal fünfundvierzig Jahren eine Pension von 400 000 Euro jährlich zustand. Man einigte sich schließlich auf eine einmalige Zahlung von 2,5 Millionen. Der wegen seiner Steueraffäre zurückgetretene ehemalige Postchef Klaus Zumwinkel erhielt sogar eine Pensionszahlung von 20 Millionen Euro.

Wenn schon die Kapitalvertreter in Aufsichtsräten nicht so sensibel sind zu erkennen, dass es sich hier um unsittliche Vertragsteile handelt, dann sollten wenigstens die Gewerkschaftsvertreter nicht schweigen.

Allerdings haben die großen DAX-Konzerne auf ihren Hauptversammlungen im Jahr 2011 erlebt, dass länger diskutiert wird, weil plötzlich aufmüpfige Kleinaktionäre erscheinen, die nicht mehr allein nach höherem Gewinn streben, sondern auch mehr Moral einfordern und niedrigere Vorstandsgehälter und Aufsichtsratstantiemen. »Der Wutbürger, der es zum Wort des Jahres brachte, findet im Wutaktionär seinen Zwillingsbruder«, befand das Handelsblatt.

Um einen Maßstab für Managervergütungen anlegen zu können, schlägt der Schweizer Autor Roger de Weck in seinem Buch »Nach der Krise« vor:

- »Für Unternehmen ein staatliches Verbot der Veröffentlichung von Quartalsberichten;

- für Bestverdiener die Begrenzung ihrer Einkünfte – großzügig genug – auf das Fünfzigfache des niedrigsten Gehalts im Unternehmen (statt des 720-Fachen beim Novartis-Präsidenten);
- für Manager Boni, die sich nach ihrer Durchschnittsleistung in den jeweils vergangenen fünf Jahren bemessen.«

Die Vorschläge sind äußerst praktisch, doch umgesetzt werden sie wohl erst dann, wenn diejenigen, die danach handeln sollen, ihr Denken ändern und neben dem Streben nach finanziellem Gewinn auch dem Bedeutung verschaffen, was ihr Unternehmen in der Gesellschaft bewirkt. Um das zu erreichen, müsste der übermächtige Druck der Finanzmärkte auf die Wirtschaft aufgeweicht werden. Denn der führt zu Entscheidungen, die kurzfristig Gewinn versprechen, aber die Zukunft eines Unternehmens beschränken können.

Allerdings gilt es auch zu bedenken, dass in seltenen Fällen Manager besonders Herausragendes leisten, wofür man ihnen auch eine besondere Entlohnung gönnt. Als Beispiel soll Wendelin Wiedeking dienen, der langjährige Vorstandsvorsitzende des Sportwagenherstellers Porsche.

Wiedeking wurde im August 1993 zum Vorstandsvorsitzenden des Unternehmens berufen, das sich am Rande des Ruins befand. Er handelte für sich neben seinem Festgehalt eine Gewinnbeteiligung von weniger als einem Prozent aus. Da sich Porsche in der Verlustzone befand, rechnete man sich aus, dass er selbst bei einem unwahrscheinlich erscheinenden Gewinn von hundert Millionen Euro immer noch weniger als eine Million Gewinnbeteiligung erhielte. Doch Wiedeking gelang es, Porsche zu einem der profitabelsten Autobauer der Welt umzubauen. Seine Leistung war es, den Wert des Unternehmens von 300 Millionen Euro auf rund 25 Milliarden Euro im Jahr 2007 zu steigern.

Wer mit ethischen Werten den Weg zu gerechter Vergütung finden will, der muss als Verantwortlicher nicht nur »über Fachkompetenz einschließlich sozialer Kompetenz verfügen«, so Otfried Höffe in seinem Buch »Wirtschaftsbürger, Staatsbürger, Weltbürger«, »er braucht auch jene Haltung der Gerechtigkeit, die seit der Antike zu jenen vier Grund- bzw. Kardinaltugenden zählt, um die sich alles dreht«. Das klingt nicht nur äußerst schwierig, sondern das ist es auch. Die vier Kardinaltugenden sind Gerechtigkeit, Tapferkeit – heute sagen wir dafür Zivilcourage –, Klugheit und Besonnenheit.

Bei den Verhandlungen um die Vergütung einer Arbeit stehen sich zunächst einmal zwei Personen gegenüber, die ein gegensätzliches Interesse haben. Der eine bietet seine Arbeit an, der andere dafür Geld. Es ist ein Tauschgeschäft. Also wird derjenige, der anstellt, die Vergütung so niedrig wie möglich ansetzen, der Anzustellende aber will so gut wie möglich bezahlt werden.

Arbeit und Geld sind gleichwertig, es ist nur schwer ein Maß zu finden, das beide Tauschobjekte miteinander vergleicht und einen gerechten Ausgleich festlegt. Gerecht ist zunächst einmal, jeden gleich zu behandeln und niemanden wegen seines Geschlechts, seiner Abstammung oder seines Glaubens besser oder schlechter zu stellen. Aber das allein reicht nicht als Maßgabe.

Um eine gerechte Vergütung auszuhandeln, bedarf es auf beiden Seiten zweier wichtiger Werte: der Glaubwürdigkeit und des Vertrauens. Häufig ist derjenige, der über den Arbeitsplatz verfügt, in der stärkeren Position, die er leider auch missbrauchen kann. Ein Lohn von drei oder vier Euro in der Stunde, was mancherorts in Deutschland gezahlt wird, obwohl davon niemand leben kann, widerspricht dem, was Adam Smith als Mindestlohn empfunden hat. Ich halte das für unsittlich.

Wenn die Verantwortlichen in der Wirtschaft nicht freiwillig und aus Einsicht in die sittlichen Regeln handeln, muss der Staat eingreifen.

Aus ethischen Gründen muss auch in Deutschland endlich ein Mindestlohn eingeführt werden.

Die Behauptungen, dies werde die Arbeitslosigkeit fördern, sind vordergründig. In Frankreich besteht seit Jahrzehnten eine Pflicht zum Mindestlohn, in Großbritannien gilt eine unterste Lohngrenze, ohne dass in diesen Ländern der Arbeitsmarkt Schwächen zeigt, wie sie in Deutschland als Menetekel an die Wand gezeichnet werden.

Es bedarf also auch einer sittlichen Urteilskraft, die man Klugheit nennt, und man »versteht darunter nicht etwa die Klugheit der Schlange, auch nicht die Verschlagenheit eines Fuchses, sondern eine Urteilsfähigkeit, die sich grundsätzlich in moralische Dienste stellt« (Höffe). Und wenn das Gegenüber ein unsittliches Gehaltsangebot macht, dann bedarf es der Zivilcourage, des Mutes, der Tapferkeit, um zu zeigen, dass man mit der Vergütung nicht zufrieden ist.

Manchmal muss man sich eben starkmachen, gegen Druck aus der Geschäftsleitung, die Drohszenarien entwickelt, oder auch aus der Familie, die den Ernährer bedrängt, lieber einen niedrigen Lohn anzunehmen, als gar keinen Arbeitsplatz zu haben.

Frauen zeigen bei Gehaltsverhandlungen weniger Mut als Männer. Stehen sie vor der Wahl zwischen einem gesicherten Festgehalt und leistungsabhängiger Entlohnung, entscheiden sie sich weit häufiger als Männer für das feste Einkommen. Dafür verzichten sie lieber auf die Chance, mehr zu verdienen.

Tugenden sollen dem Handelnden die Mitte zwischen zwei Extremen aufzeigen. So kann Mut auf der einen Seite in Feigheit umschlagen, auf der anderen in Übermut. Den Mut in die richtige Bahn zu lenken hilft die Tugend Besonnenheit. Denn besonnen ist, wer als Empfänger der Vergütung die maßlosen »Begierden der Habsucht, Ehrsucht, auch Herrschsucht zu mäßigen versteht« (Höffe).

Eine gerechte Vergütung bedeutet heute nach modernen Maßstäben nicht nur eine angemessene finanzielle Entlohnung. Ein ganzes Bündel an immateriellen Anreizen kann dazu führen, dass Arbeitnehmer sich so mit ihrem Unternehmen identifizieren, dass sie bessere Leistungen erbringen. Und das wissen auch gute Personalverantwortliche. »Die Wertschöpfung beruht auf dem Bildungsvermögen und der Effizienz von Mitarbeitern«, sagt Phoenix-Contact-Geschäftsführer Professor Gunther Olesch: »Diese beiden Faktoren sind zu den wichtigsten Treibern des Vermögens eines Unternehmens geworden. Bildung und Effizienz unserer Mitarbeiter hat Deutschland zum Weltmarktführer hochkomplexer Technologien gemacht.«

Die gerechte Vergütung der Mitarbeiter eines Unternehmens beeinflusst also auf lange Zeit gesehen dessen Erfolg und bestimmt zu einem großen Teil dessen Gewinn.

Profit und die Würde des Menschen

»Schafft Ethik Wachstum?«, fragte im Frühjahr 2009 die renommierte Evangelische Akademie Tutzing auf einer Tagung, zu der sie an einem Wochenende einlud. Deutsche-Bank-Boss Josef Ackermann sprach sonntags früh zum Thema »Profit und Moral – ein Zielkonflikt?«. Zunächst bemerkte er, dass sich die Meinung, in der Wirtschaft zählten Anstand und Moral immer weniger, in den letzten Jahren erheblich verbreitet habe. Laut einer Untersuchung des Allensbach-Instituts hätten 2004 schon 55 Prozent der Bevölkerung Managern Gier zugeschrieben. Im Frühjahr 2008 sei die Zahl auf 67 Prozent gestiegen, im Frühjahr 2009 seien schließlich 75 Prozent der Befragten davon überzeugt gewesen, dass Profit und Moral miteinander unvereinbar seien. Dabei stellte sich nach Ackermanns Ansicht die Frage nach Ethik und Moral nicht beim Gewinn an sich, sondern bei der Art der Gewinnerzielung.

Und da hat Josef Ackermann schlicht recht.

Profit und Moral widersprechen sich nicht.

Maximaler Profit, aber ethisch korrekt erwirtschaftet, ist zum Beispiel auch das Ziel des norwegischen Pensionsfonds. Er wird mit den staatlichen Einnahmen aus der Öl- und Gasförderung gefüllt und soll die Pensionszahlungen an die norwegischen Bürger in der Zukunft sichern. Dieser Fonds hat seine Anteile an sieben Konzernen, die an der Herstellung von Teilen für Atomwaffen beteiligt sind, aus ethischen Gründen verkauft. Darunter waren auch die so bekannten Unternehmen wie Boeing und Honeywell. Es handelte sich immerhin um einen Betrag von knapp einer halben Million Euro. Die norwegische Regierung folgte damit einer Empfehlung ihres Ethikrates.

Die Vorsitzende dieses Gremiums, Gro Nystuen, nannte gegenüber tagesschau.de zwei Kriterien für die Entscheidung: »Als Erstes sollen die Fonds ordentlich Profit abwerfen – für unsere Zukunft. Es ist ein Sparbuch, das den künftigen Generationen Freude bereiten soll. Denn das ist auch ethisch. Und als Zweites wollen wir unethisches Handeln nicht unterstützen. Viele meinten, diese beiden Grundsätze seien schwer zu vereinbaren, doch unsere Regelung baut eine Brücke zwischen den Zielen, sodass man beides auf einmal erreichen kann.«

Atomwaffen zu bauen ist Unternehmen nicht verboten. Aber der Staat Norwegen zeigte mit dieser Maßnahme, dass er nicht an der Produktion von Kernwaffen verdienen will. Staatliche Fonds in Neuseeland und auch in Irland diskutieren ähnliche ethische Regelungen. Es gibt weltweit Pensionsfonds, »die ethischen Grundsätzen folgen, besonders in den USA und Großbritannien«, so Gro Nystuen. »Allerdings muss man die unterschiedlichen Kriterien beachten. In den USA betrifft dies eher Richtlinien, die sich um Alkohol, Tabak oder Pornografie drehen. Dies sind Dinge, die in Norwegen nicht unbedingt auf der Tagesordnung stehen würden. Hier sind es eben eher Themen wie Menschenrechte, Naturschutz oder die Ablehnung von bestimmten Waffentypen, die als wichtig erachtet werden.«

Gewinn ist nur ein Handlungsmotiv und eine Antriebskraft.

Um im Lotto zu gewinnen, kaufen Menschen einen Lottoschein. Wenn der Jackpot besonders hoch ist, kaufen mehr Menschen mehr Lottoscheine.

Um im sportlichen Wettkampf zu siegen, nehmen manche Leute unsagbare Mühen im Training auf sich. Wegen des Gewinnes wird ein ehrgeiziger Maurermeister seine eigene Baufirma gründen. Ihn reizt es, als Unternehmer mehr Profit zu machen, als er als Lohnarbeiter verdienen würde.

Eine Anekdote über Thales von Milet, den griechischen Begründer der Philosophie und Wissenschaft des Abendlandes, dient dem Philosophen Otfried Höffe dazu, Bausteine für eine Philosophie von Unternehmertum und Profit zusammenzufügen.

Thales von Milet war unter anderem ein bedeutender Mathematiker, dem es gelungen war, die Sonnenfinsternis vom 28. Mai 585 v. Chr. vorauszusagen. Platon aber schilderte ihn trotzdem als einen ziemlich lebensuntüchtigen Denker, der beim Umhergehen den Himmel betrachtet, dabei in einen Brunnen stürzt und deshalb von einer thrakischen Magd ausgelacht wird. Aristoteles schrieb über ihn: »Man hielt ihm seine Armut vor, vermutlich um zu beweisen, dass man mit der Philosophie nicht sehr weit komme.«

Thales aber wusste »aus seiner Kenntnis der Sternenwelt, obwohl es noch Winter war, dass im kommenden Jahr eine reiche Olivenernte zu erwarten wäre; da er ein wenig Geld besaß, mietete er alle Olivenpressen in Chios und Milet; er bekam sie preiswert, da niemand ihn überbot. Als plötzlich zur Erntezeit alle Pressen gleichzeitig benötigt wurden, lieh er sie zu jedem in seinem Belieben stehenden Betrag aus und verdiente eine Menge Geld daran. So bewies er der Welt, dass auch Philosophen leicht reich werden können, wenn sie nur wollen, dass das aber nicht ihr Ehrgeiz ist.«

Aus dieser Anekdote ergeben sich, so Höffe, zwei »Binsenweisheiten«. Erstens braucht der Mensch Antriebskraft, und zweitens ergibt sich daraus das Ziel des Handelns: der Gewinn. Oder – wie es in der Wirtschaftswelt heißt: der Profit. Denn der liegt in dem Überschuss, der nach Abzug aller Kosten und Abgaben übrig bleibt.

Aus dem Profit des Unternehmens zieht dann – drittens – auch die Gemeinschaft einen Vorteil: Es fallen Steuern an und Arbeitsplätze werden geschaffen oder erhalten. So deckt sich das Streben des Unternehmers nach Gewinn weitgehend mit dem Interesse des Gemeinwesens.

Der vierte Baustein ist die Risikobereitschaft, die sich in dem Wagnis äußert, schon im Winter alle Ölpressen zu mieten, als noch niemand außer dem Mathematiker Thales von Milet vorhersieht, dass es eine gute Olivenernte geben wird. So erlaubte ihm – fünftens – sein spezielles Wissen, also seine astronomischen Kenntnisse, eine Entscheidung zu fällen, die sich später in Profit ausdrücken sollte. Und gerade von diesem Baustein profitiert heute ein überwiegender Teil der Wirtschaft in Deutschland. Spezielles Wissen von Fabrikationsweisen, besondere Sorgfalt und Qualität in der Herstellung, schnelle Anpassung an Kundenwünsche oder Bedürfnisse sorgten nach der Wirtschaftskrise von 2008 für einen ungewöhnlichen Aufschwung in den Jahren 2010 und 2011.

Thales von Milet besaß keine Produktionsmittel. Er stellte keine Arbeiter an, die ein neu erfundenes Produkt herstellten, sondern er verließ sich – sechstens – auf eine ökonomische Strategie. Kraft seines Wissens sah er voraus, wie er Angebot und Nachfrage strategisch zu seinen Gunsten einsetzen konnte.

Bei Profit denkt man automatisch an Geld. Und inzwischen wird auch in anderen als nur ökonomischen Bereichen mit Geld gemessen, was eher nach inhaltlichen oder ästhetischen Werten beurteilt werden sollte, zum Beispiel in der Kunst. »Wir haben ein ganz einfaches Prinzip: Der teuerste Künstler ist der beste Künstler«, sagt der Maler und Bildhauer Markus Lüpertz in der SZ, und das sei auch nicht falsch, denn »Millionen Menschen können doch nicht irren. Das ist jetzt kein Vorwurf an die Zeit, aber sie hat die Götter, die Ideale, die Hierarchien abgeschafft. Und nun haben wir kein Maß mehr außer dem Geld.«

Das Beispiel des Philosophen Thales zeigt aber, dass Geld zwar eine wichtige Antriebskraft ist, aber nicht die einzige oder gar die wichtigste sein muss. Denn Thales strebte nicht nach Reichtum, er wollte seinen Mitbürgern nur beweisen, dass er als Unternehmer reüssieren könnte, wenn er nur wollte. Und so kommentiert Aristoteles auch, es sei »für Philosophen leicht, reich zu werden, wenn sie nur wollen«. Aber es liegt ihnen nicht viel daran. Thales sucht weniger den pekuniären Profit, sondern – siebtens – Anerkennung sowohl durch die Mitbürger als auch durch sich selbst, also Fremd- und Selbstachtung. So erklärt schon Aristoteles, dass Reichtum zwar angenehm, aber doch nur ein Zwischenziel und kein Endziel ist.

Es gibt aber Lebensbereiche, in denen Geld kein Maßstab ist. Sex zum Beispiel kann man kaufen, aber nicht Liebe. Vertrauen und Treue, Freundschaft und Achtung haben keinen Preis. Geld sei der Maßstab für die Gunst des Publikums, sagt der Stones-Gitarrist Keith Richards. Doch darauf antwortet Annette Humpe, Deutschlands erfolgreichste Pop-Komponistin und Sängerin, in der Frankfurter Allgemeinen Sonntagszeitung: »Mir geht es um Kommunikation mit dem Publikum. Ich schreibe Lieder wie Briefe und möchte, dass die ankommen. Wenn viele ankommen, verdiene ich mehr, klar. Wenn ich zwei Jahre an einem Album arbeite, meine schönste Energie reingebe, möchte ich, dass was zurückkommt – und zwar nicht nur Geld, sondern Reaktionen der Leute. Die schreiben dann, dass ein Lied ihre Ehe gerettet hat oder dass sie es bei der Beerdigung von Onkel Heinz gespielt haben. Ehrlich gesagt: Geld interessiert mich überhaupt nicht. Ich brauche keinen Luxus, keinen Porsche, keine Villa auf Ibiza mit goldenen Wasserhähnen.«

Allerdings kann man beides kombinieren – so Höffes achter Baustein: »Ein Profitstreben, das sein Metier beherrscht, also nachhaltig großen Profit macht und ihn trotzdem weder zum einzigen noch zum höchsten Wert erklärt.« Dazu bedarf es aber eines besonders starken Verständnisses für Ethik. Louis Gallois ist Vorstandsvorsitzender von EADS, also jenes großen

Konzerns, in dem der Airbus gebaut wird, aber auch Kampf-flugzeuge und Hubschrauber. EADS macht einen Jahresum-satz von knapp 50 Milliarden Euro. Und jedes Jahr spendet Gallois etwa die Hälfte seines Gehaltes. 2008 gab er 63 Pro-zent seiner Gesamtvergütung für einen guten Zweck, 2009 nahm er auch nur den festen Anteil – immer noch 900 000 Euro – entgegen. 2010 wollte er ähnlich verfahren.

Gallois begründet sein Handeln in der FAZ mit der Ach-tung für die Werte Freiheit, Gleichheit, Brüderlichkeit – und fügt noch Laizismus hinzu, die Trennung von Kirche und Staat. Gleichheit und Gerechtigkeit bedeuten für ihn, dass der Abstand zu den Gehältern der normal Verdienenden nicht zu groß werden soll. Denn das führe leicht zu Verbitterung. Morgens wird Gallois von einem Chauffeur abgeholt. Der fährt ihn zum Flughafen, wo der Firmenjet wartet. Am Abend kommt er zurück, und es geht in umgekehrter Reihenfolge wieder heim. Das hält er für ein unmögliches Leben. Wenn es geht, fährt er also mit dem Zug oder der Metro. Am Wochen-ende geht er ins Café, dessen Wirt aus der gleichen Gegend von Montauban bei Toulouse stammt wie er. Dort kauft er sich die Zeitung, schaut mit den anderen Gästen an der Theke Rugby-Spiele im Fernsehen an und sagt: »Ich will nicht, dass mir das Geld meine Freiheit nimmt. Viel Geld kann Sie in die Isolation treiben.«

Noch zwei weitere Bausteine zur Theorie des Unternehmers und des Profits zieht der Philosoph Otfried Höffe aus den Weisheiten von Thales, der gesagt hat: »Etwas Lästiges ist Un-tätigkeit. Etwas Schädliches Unbeherrschtheit. Etwas schwer

Erträgliches Unbildung.« Daraus ergeben sich – neuntens – ein Leistungswille (statt »Untätigkeit«) und »zusätzlich zum Wissen – zehntens – eine Planung (statt ›Unbeherrschtheit‹) und vorab eine gute Ausbildung (statt ›Unbildung‹)«.

»Profit, Profit, Profit!«, wurde zum Schlachtruf von Managern in den neunziger Jahren, die eher die Sorge hatten, ein zu geringer Gewinn würde sie vereinsamen lassen. Die Grundlage dafür, wie die Gewinne der Unternehmensbosse errechnet wurden, hatte ein Ökonom aus den USA gelegt: Das Buch »Creating Shareholder Value« von Alfred Rappaport, Wirtschaftswissenschaftler aus Chicago, erschien 1986 und hatte bald glühende Verfechter in der amerikanischen Wirtschaft gefunden. Die allerdings haben Rappaports Theorie verfälscht und nur das für sie Beste herausgefiltert.

Die Shareholder-Theorie von Alfred Rappaport besagt, dass Unternehmen danach beurteilt werden sollen, inwieweit es deren Führung gelingt, den Wert des Unternehmens für die Anteilseigner zu steigern. Der Kurswert der Aktien wird zum Maßstab für den Erfolg der Manager.

Zum wichtigsten Vertreter dieser Shareholder-Lehre schwang sich schnell Jack Welch auf, seinerzeit Chef des US-Elektrokonzerns General Electric. Im Dezember 1981 hielt er im vornehmen New Yorker Hotel The Pierre einen Vortrag mit dem Titel »Growing fast in a slow-growth economy – Schnelles Wachstum in einer langsam wachsenden Wirtschaft«. Diese Rede gilt als Geburtsstunde der zwanghaften Besessenheit nach Renditen und Kurssteigerungen von Aktien, und Jack Welch wurde bald zum Erfinder dieser Theorie

ausgerufen. Weil er jedes Jahr 10 Prozent der Belegschaft –
die angeblich schlechtesten Mitarbeiter (Welch nannte sie
»Zitronen«) – entließ, gleich wie gut es dem Unternehmen
ging, verpasste man ihm den Spitznamen »Neutronen-Jack«,
nach der Strahlenbombe, die Menschen tötet, aber Gebäude
unversehrt lässt. Sein Konzept aber schien aufzugehen. In den
zwanzig Jahren, in denen er General Electric führte, steigerte
er den Unternehmenswert von 13 Milliarden Dollar im Jahr
1981 auf 400 Milliarden im Jahr 2001 (im Mai 2011 lag er
sogar bei fast 600 Milliarden Dollar).

Deutsche Manager begriffen erst in den neunziger Jahren,
dass sie persönlich von dem Shareholder-Value profitieren
könnten – mit steigenden Gehältern. Auch für den damaligen
Daimler-Benz-Chef Jürgen Schrempp galt bald die Manager-
regel »Profit, Profit, Profit«. Den glaubte er durch die Übernahme des amerikanischen Autokonzerns Chrysler zu steigern. Am Ende aber vernichtete er mit dieser Entscheidung
mehr Kapital als jeder andere Manager in der Geschichte der
deutschen Wirtschaft. Auch Ron Sommer folgte als Chef der
Deutschen Telekom dem amerikanischen Vorbild Jack Welch.
Als er den Staatskonzern an die Börse brachte, schien der
Anstieg der T-Aktie auf über 100 Euro seinen Kurs als richtig
zu belegen. Doch dann stürzte sie ab, und die vielen kleinen
Anleger verloren viel Geld und ihr Vertrauen in Aktien.

In Deutschland brach daraufhin ein Kulturkampf aus, denn die
neue Unternehmenstheorie vom Shareholder-Value versetzte
dem »Rheinischen Kapitalismus«, der auf ein harmonisches

Miteinander von Arbeitnehmern und Arbeitgebern zählte, den Todesstoß. Als schließlich immer mehr anonyme Finanzinvestoren Firmen übernahmen und auspressten, formulierte der damalige Bundesarbeitsminister Franz Müntefering (SPD) den berühmt gewordenen Satz: »Manche Finanzinvestoren verschwenden keine Gedanken an die Menschen, deren Arbeitsplätze sie vernichten. Sie bleiben anonym, haben kein Gesicht, fallen wie Heuschreckenschwärme über Unternehmen her, grasen sie ab und ziehen weiter.«

Rücksicht auf Menschen gab es nicht.

Die Würde des Menschen hängt auch mit seinen Lebensumständen zusammen, mit seiner Arbeit, seinem sozialen Umfeld, damit, wie verantwortlich diejenigen mit ihm umgehen, von denen er abhängig ist. Wer aber auf den größtmöglichen Gewinn aus ist, den schert die Würde des Menschen meist einen Dreck, vor allem dann, wenn diese beiden »Ziele« in Widerstreit treten.

Aus Protest über die Schließung des Unternehmens, in dem er arbeitete, hat Uwe Müller sein Aftershave gewechselt. Denn der Konzern, der die profitable Firma Kadabell GmbH & Co. KG, damals bekannt unter seinem Markennamen Kadus, aufkaufte und liquidierte, stellte auch sein Rasierwasser her. Davon berichtete die Zeit in einer Reportage über solch eine Heuschreckenplage.

In dem kleinen Schwarzwaldort Lenzkirch beschäftigte Kadus 270 Angestellte und stellte Haargel, Shampoo und Haarfärbemittel her. Die Ausfuhr der Produkte steigerte sich

Jahr um Jahr. Die Zuwachsraten für manche Artikel lagen im zweistelligen Bereich. Kadus machte einen Gewinn von 12 Prozent vom Umsatz, sodass die Geschäftsführung an ihre Mitarbeiter Erfolgsprämien ausschüttete, sie also am Gewinn des Unternehmens beteiligte.

Doch dann wurde Wella, das Mutterunternehmen von Kadus, für 5,6 Milliarden Euro an den amerikanischen Konzern Procter & Gamble verkauft.

Für die 3000 Einwohner von Lenzkirch hatte Arbeitslosigkeit bis dahin kaum eine Rolle gespielt. Im Ort scherzte man: »Die vier Arbeitslosen in unserem Dorf kennen wir doch alle persönlich.« Dann aber wurde Kadus geschlossen. Den neuen Besitzern sei ein Gewinn von 12 Prozent nicht genug, hieß es. Es sollten mindestens 18 Prozent sein. Und dieses Ziel könne nur an einem anderen Standort erreicht werden.

Das globale Unternehmen, in das Kadus integriert wurde, machte damals mehr als sechs Milliarden Dollar Gewinn, ein hervorragendes Ergebnis, das man nur jedem Unternehmen wünschen kann. Hätte das nicht gereicht, um auf die Würde der Mitarbeiter im Schwarzwald Rücksicht zu nehmen?

Franz Müntefering wurde wegen seines Angriffs gegen die »Heuschrecken« heftig, aber zu Unrecht gescholten. Nicht nur in Kreisen der Wirtschaft, auch in vielen Medien wurde immer wieder erklärt, es sei richtig, Belegschaften auszudünnen und Standorte zu verlagern.

Der Begriff »Entlassungsproduktivität«, ein perverses Wort, wurde geprägt. Sicher kann sich immer wieder einmal ein Unternehmen in einer Schieflage befinden, in der es Personal entlassen muss. In der Finanzkrise der letzten Jahre konnten viele Betriebe nur überleben, weil sie Arbeitnehmern kündigten. Aber Müntefering meinte mit »Heuschrecken« Finanzinvestoren, die – wie im Fall Kadus – die Mitarbeiter von an sich gesunden Firmen vor die Tür setzen.

Nur wenige Politiker hatten den Mut, wie der CDU-Politiker Heiner Geißler zu klagen: »Wo bleibt euer Aufschrei?« Damit kritisierte Geißler seine Politikerkollegen, die zusahen, wie große Konzerne gesunde Firmen aufkauften, »als wären es Sklavenschiffe aus dem 18. Jahrhundert«, um sie »zum Zweck der Marktbereinigung oder zur Steigerung der Kapitalrendite und des Börsewertes«, also aus exzessivem Profitdenken, zu schließen.

Der Aufschrei kam schließlich.

Nicht aus der deutschen Politik.

Nicht aus der deutschen Wirtschaft.

Sondern von Jack Welch selbst: »Genau genommen ist Shareholder-Value die blödeste Idee der Welt«, sagte er nach der Finanzkrise im Frühjahr 2009 in einem Interview mit der Financial Times. Durch die Betonung des Aktienkurses sei das Denken der Manager kurzfristiger geworden. »Das war nicht gut und von den Begründern des Shareholder-Value-Gedankens nicht gewollt.«

Zu der Finanzkrise wäre es gar nicht erst gekommen, wären die Prinzipien der Theorie des Shareholder-Values eingehalten worden, sagt dessen Erfinder Alfred Rappaport um die gleiche Zeit im Manager-Magazin. Was Welch und Konsorten damals predigten, war nach Rappaports Ansicht »mehr als ein Missverständnis. Die ursprüngliche Bedeutung von Shareholder-Value wurde regelrecht beiseitegestoßen und der Begriff von jenen gekapert, die keinerlei Interesse an der langfristigen Entwicklung von Unternehmen haben. Nämlich von Fondsmanagern und Vorständen, deren Entlohnung vor allem an der kurzfristigen Entwicklung der Aktienkurse hängt.« Deshalb schlägt Rappaport vor, »dass Manager so entlohnt werden, dass sie ein Interesse an einer langfristigen Wertsteigerung des Unternehmens haben, zehn Jahre oder länger. Das funktioniert nur, wenn auch die Anleger diese langfristige Wertsteigerung akzeptieren. Aber da ist uns leider oft etwas im Weg, was man Gier nennen könnte – oder auch menschliche Natur.«

Gewinn darf nicht das alleinige Unternehmensziel sein.

Wenn sich in der Wirtschaft dieses Denken nicht aus eigener Einsicht durchsetzt, dann sollte der Staat die exzessive Gewinnmaximierung in ihre Schranken weisen, fordert der ehemalige Bundesverfassungsrichter Paul Kirchhof, den Angela Merkel als Finanzexperten einst in ihre Wahlkampfmannschaft aufgenommen hatte.

»Wenn gegenwärtig der Kampf um das Geld immer mehr in anonymen Anlageformen und Kapitalgesellschaften entschieden wird«, so Kirchhof, »der Mensch durch seine Arbeit und durch persönliches Verantwortungseigentum aber immer weniger am Bruttoinlandsprodukt teilhat, so muss die Rechtsordnung dieser Maßstabslosigkeit eine neue Struktur entgegenstellen, die Arbeit als Grund des Gelderwerbs stärkt, dem Anleger die Wirkungen seiner Kapitalmacht ins Bewusstsein rückt, ihn vielleicht auch für Fehlentwicklungen einstehen lässt. Die ausschließliche Ausrichtung der Kapitalgesellschaften auf die Rendite der Aktionäre ist durch eine Gesamtverantwortung zu ersetzen.«

In diesem Zusammenhang will ich daran erinnern: Unternehmen handeln nicht. Es handeln vielmehr diejenigen, die Unternehmen führen. Und denen gegenüber können Anleger, Verbraucher und Mitarbeiter ihre Missachtung für unethisches Verhalten von Managern ausdrücken. Also haben sie potenziell große Macht.

Anleger sollten sich den norwegischen Pensionsfonds zum Vorbild nehmen. Er zieht sein Geld aus Unternehmen zurück, die seinen ethischen Vorstellungen nicht entsprechen – weil sie an der Herstellung von Atomwaffen beteiligt sind. Auch in Deutschland legen viele Menschen Geld an, sei es um zu sparen, sei es um fürs Alter vorzusorgen, wie auch immer – der Grund ist gleichgültig. Und natürlich will auch jeder, der sein Geld anlegt, eine gute Rendite erhalten. Daran ist nichts auszusetzen.

Viele Anleger machen sich allerdings keine Gedanken darüber, wohin ihr Geld fließt, an welchen Firmen etwa der jeweilige Fonds beteiligt ist. Wer Wert auf Aktien aus ethisch einwandfreien Unternehmen legt, der muss sich danach erkundigen. Und das ist nicht einmal schwer. Inzwischen werden Fonds, die als ethisch oder ökologisch einwandfrei gelten, regelmäßig getestet. So fand die Stiftung Warentest heraus, dass nicht alle Angaben der Firmen auch immer stimmen. Aber die Testergebnisse haben die Fondsmanager zum Handeln veranlasst, berichtete Warentest: »Die Fondsgesellschaft Activest teilte uns mit, dass ihr Fonds Lux EcoTech nicht in Rüstungsunternehmen investiere. Dort entdeckten wir jedoch mit Mitsubishi Heavy Industries einen Konzern, der fast ein Fünftel seines Umsatzes im Militärbereich erzielt und zum Beispiel Kampfflugzeuge für die japanische Luftwaffe baut. Activest will die Aktien demnächst verkaufen.

Der Sustainable Vision Equity Fund von Metzler dürfte nach seinen Vorgaben keine Firmen enthalten, die über 10 Prozent ihres Umsatzes mit Nuklearanlagen machen. Wie kam dann die Eon-Aktie ins Portfolio? Fast ein Drittel des Umsatzes kommt bei dem Konzern aus Atomstrom. Immerhin hat Metzler die Eon-Anteile inzwischen veräußert.«

Der Verbraucher, jeder Einzelne von uns, sollte sich bewusst machen, dass er über große Macht verfügt. Durch sein Verhalten als Kunde entscheidet er über Gewinn oder Verlust der Produzenten. Verbraucher, die sich beim Kauf nicht nur vom Preis-Leistungs-Verhältnis, sondern auch von ethischen Überlegungen leiten lassen, können Wirtschaftsunternehmen oder Finanzinstitute beeinflussen.

Ethischer Konsum wird inzwischen von manchen besonders auf Nachhaltigkeit und Fairness ausgerichteten Unternehmen bewusst gefördert. Die Otto Group, das größte Versandunternehmen der Welt, wird seit Jahrzehnten von ihrem Aufsichtsratsvorsitzenden und ehemaligen Vorstandschef Michael Otto auf ethisches Wirtschaften ausgerichtet.

So veranstaltete die Otto Group im Krisenjahr 2009 einen Workshop zum »Phänomen Ethischer Konsum« mit der Fragestellung: »Welche Chancen haben ethische Produkte in der Rezession noch auf dem Massenmarkt und was muss getan werden, um ethische Gesichtspunkte als Konsumtreiber auch in wirtschaftlich angespannten Zeiten zu stärken?« Denn eines ist wichtig: Unternehmen wie auch Käufer müssen beide das Gefühl haben, gerecht behandelt zu werden.

Für Unternehmen kann das in Zeiten der Krise bedeuten, dass der Kunde dem ethisch ausgerichteten Anbieter eher vertraut und deshalb eine engere Bindung zwischen beiden entsteht. Für die Otto Group bedeutet es eine »neue Definition von Wohlstand, bei der statt kurzfristiger Renditeziele langfristige Strategien und nachhaltiges Handeln im Fokus stehen. Auch die Kunden profitieren: Ethisch motivierte Entscheidungen und die Übernahme von Verantwortung geben ihnen ein Gefühl der Zusammengehörigkeit und Stärke – und damit eine ›moralische Rendite‹.«

Manchmal gilt es beim ethischen Konsum, einen Spagat zu wagen. Alle Konsumenten lehnen Kinderarbeit ab, aber gleichzeitig stürzen sie sich auf Schnäppchen. Die Otto Group zog daraus die Konsequenz, nicht auf Schnäppchen zu verzichten, aber Kinderarbeit zu bekämpfen. Die »Cleanclothes-campaign – Saubere-Kleidungs-Aktion«, von NGOs ins Leben gerufen, hatte bei Otto das Bewusstsein dafür geschaffen, dass Arbeiterinnen oder Kinder, die in Bangladesch und anderswo Textilien für sie herstellen, auch in ihren Verantwortungsbereich gehören. Der öffentliche Druck der

Nichtregierungsorganisationen hat gezeigt, welchen Druck die Öffentlichkeit erzeugen kann.

So sagt Johannes Merck aus der Geschäftsleitung, das Wissen darum, »sich immer wieder rechtfertigen zu müssen«, habe die Einsicht gefördert, »dass da tatsächlich etwas nicht stimmen kann. Es hat dazu geführt, dass wir in dem Kreis der Handelshäuser etwas organisiert haben. Wir haben gesagt: Wir wollen den Wettbewerb um den besten Preis zugunsten des Kunden. Wir wollen den Wettbewerb um den schönsten, modischsten Stil, wir wollen letztlich auch den Wettbewerb um die schnellste und effektivste Lieferung zum Wohle des Kunden. Wir wollen diesen Wettbewerb aber nicht auf Kosten der in den Produktionsbetrieben beschäftigten Menschen führen.«

Die an dieser Aktion beteiligten Handelskonzerne verständigten sich darauf, dass in all den Betrieben, in denen sie produzieren lassen oder einkaufen, die gleichen Voraussetzungen herrschen sollten. Maßstab sind Arbeitsbedingungen, die von der ILO, der Internationalen Arbeitsorganisation der Vereinten Nationen, vorgeschrieben werden.

Aber erst wenn Käufer mit ihrem Verhalten deutlich machen, dass sie Unternehmen, die sich unethisch verhalten, nicht mehr akzeptieren, dann werden Manager, die hochmütig sagen: »Ethik ist bei uns verboten«, von ihrem hohen Ross geholt.

Ein Unternehmen befindet sich immer in einem Beziehungsgeflecht, in dem verschiedene Interessengruppen (stakeholder) eine Rolle spielen: Kunden, Mitarbeiter, Partner, die Eigentümer, die Gesellschaft. Geht es davon aus, dass es nur ein Ziel hat, nämlich Gewinne zu erzielen, dann berücksichtigt es nur die Eigentümer und nicht die anderen Interessengruppen. Kunden und Partner interessieren sich für Zuverlässigkeit und Qualität der Leistung oder des Produkts. Mitarbeiter interessiert die Sicherung der Arbeitsplätze. Die Gesellschaft interessiert sich für nachhaltiges Wirtschaften und soziales Engagement.

Ein Unternehmen aber kann auch dann sehr erfolgreich sein, wenn es nicht den Gewinn als ausschließliches Ziel im Blick hat.

Gewinn und Umsatz sind als Ziel zweitrangig, erklärt der Chef der dm-Drogeriemarktkette Erich Harsch in der FAZ. Das Ziel heißt Entwicklung, und alles sei nur eine Frage der Haltung. »Es geht nicht darum, den Gewinn zu maximieren, sondern den Kundennutzen«, sagt er. Das Unternehmen beschäftigt 36 000 Mitarbeiter und strebt 2011 einen Umsatz von 6 Milliarden Euro an. Harsch gibt sich mit 1 Prozent Rendite zufrieden. »Die Frage ist doch, was mache ich mit dem Gewinn? Geht das Geld raus, oder sorge ich zuvor dafür, dass sich der Überschuss infolge von sinnvollen Investitionen in Grenzen hält. Wir haben uns für den zweiten Weg entschieden.«

Harsch ist angestellter Manager und erhält ein Fixgehalt. Er verdient also immer gleich viel, auch wenn es schlecht läuft. »Deshalb kann die Motivation nicht am Geld liegen«, sagt der dm-Chef, der seine Mitarbeiter leicht über Tarif bezahlt. »Unmotivierte Mitarbeiter können Sie auch mit Geld nicht ändern. Wir glauben, dass die persönliche Freude daraus kommt, dass man gestalten kann. Bonussysteme, die unterstellen, dass sich einer nur bewegt, wenn man ihm eine Wurst vorhält, sind menschenverachtend.«

Getragen wird diese Unternehmensphilosophie von Götz Werner, dem Gründer der Drogeriemarkt-Kette. Werner hat seine Unternehmensanteile in eine gemeinnützige Stiftung eingebracht. Seine sieben Kinder werden somit den Betrieb nicht erben. Sie haben zwar einen Anspruch auf einen guten Start ins Leben, so Werner, »aber nicht darauf, dass Eltern für den lebenslangen Wohlstand ihrer Nachkommen sorgen«. Er denke in der Frage wie die amerikanischen Pioniere: Jede Generation habe sich selbst zu beweisen. »Reich zu werden ist in Amerika keine Schande, reich zu sterben schon.«

So kann ein Eigentümer für sich entscheiden. Aber der Aktieninhaber will Gewinn sehen. Damit begründen Ökonomen und Manager häufig ihr ausschließliches Streben nach exzessiven Profiten. Aber auch das ist nur eine Behauptung. Weltweit operierende Aktiengesellschaften beweisen gelegentlich das Gegenteil.

Schon seit Mitte der siebziger Jahre des letzten Jahrhunderts beschloss American Express (AE) ein umfassendes Programm zur Förderung gemeinnütziger Projekte. 1978 wurde ein Komitee für »öffentliche Verantwortung« vom Vorstand eingerichtet. Und in einem Brief an die Shareholder – die Aktionäre – wurde mitgeteilt, was die öffentlichen und sozialen Ausgaben für die Aktionäre, die Mitarbeiter und die Kunden bedeuten. Gefördert werden Unternehmen, die Frauen oder

Minoritäten gehören, in Deutschland etwa die »bundesweite gründerinnenagentur« (bga). Sie ist das erste und einzige deutschlandweite Informations- und Servicezentrum für unternehmerische Selbständigkeit und Unternehmensnachfolge durch Frauen. Wenn ein Angestellter von AE einer bestimmten wohltätigen Organisation eine Spende zukommen lässt, dann gleicht das Unternehmen die Spende aus. Auf der ganzen Welt werden zukünftige Führungskräfte gefördert etc.

Wer die Aktien von AE kauft, muss wissen, dass hier nicht der Theorie von Nobelpreisträger Milton Friedman gefolgt wird, wonach das einzige Unternehmensziel der Gewinn ist.

American Express steht als Beispiel aber nicht allein. Viele andere weltweit agierende Aktiengesellschaften – auch aus Deutschland – geben Millionen Euro für soziale Projekte aus, statt die Gewinne ausschließlich an die Eigentümer auszuschütten.

Profit und Moral widersprechen sich tatsächlich nicht.

Gemeinsinn statt Eigennutz

Warum machen wir uns heute diese Gedanken? Weiß nicht jeder Mensch, dass er gesellschaftliche Regeln einhalten muss? Nein, er weiß es nicht. Ein Kind weiß, wenn es geboren wird, weder was gut noch was schlecht ist. Es kennt nur seine Bedürfnisse und Gelüste. Deshalb ist der Mensch, der für das Leben in der Gemeinschaft erzogen werden soll, nicht der Mensch, den die Natur gemacht hat, sondern, so schreibt der französische Soziologe Emile Durkheim, »der Mensch, wie ihn die Gesellschaft haben will; und sie will ihn so haben, wie ihn ihre innere Ökonomie braucht«.

Und mit jeder neuen Generation steht die Gesellschaft wieder vor einem fast unbeschriebenen Blatt.

Die Generation der 68er sah in der »Moral der Bürger« zunächst die Unterdrückung des Sexualtriebes. Wer sich damals mit dem Ausruf brüstete: »Ich kenne keine Moral«, der wurde bewundert. Und die Befreiung von gesellschaftlichen Zwängen war beileibe nicht ausschließlich auf die Jugend beschränkt. Utopie und Visionen leiteten das zeitgenössische Denken, Moral war eben »out«.

Die Protestbewegung bekannte sich aber zu einer »politischen Moral«. Charakteristisch war, so Oskar Negt, einer der führenden Denker der Kritischen Theorie, dass sich in ihr unmittelbarer Protest mit einer hohen »Sensibilität für Unterdrückung, Ausbeutung und Gewalt verbindet. Sie ist Moral des politischen Verhaltens, des praktischen Widerstandes, der Leistungsverweigerung; sie ist Moral im eigentlichen Sinne.«

Aus dem, was man damals vielleicht die »Moral des politischen Verhaltens, des praktischen Widerstandes« hätte nennen können, entwickelte sich in den letzten vierzig Jahren ein von der Gesellschaft akzeptiertes moralisches Verhalten, das heute sogar in der Wirtschaft angekommen ist.

Ab Ende der sechziger Jahre wuchs in der deutschen Gesellschaft das Bewusstsein für die Umwelt. In den siebziger Jahren entstand daraus die Bewegung der Grünen, deren Thesen über die Verantwortung des Menschen für den Zustand der Natur seit den achtziger Jahren in alle Parteiprogramme der politischen Parteien aufgenommen wurden. Mitte der neunziger Jahre findet dann der Begriff der Nachhaltigkeit seinen Weg in die politische Debatte in Deutschland. Heute gehört »nachhaltig handeln« zu den moralischen Richtlinien von Politik und Wirtschaft. Und verantwortliche Menschen richten sich danach.

Auf dem Deutschen Katholikentag 2010 in München kündigte Dr. Nikolaus von Bomhard, Vorstandsvorsitzender der Munich Re, einer der wichtigsten Rückversicherer der Welt, an, Nachhaltigkeit sei Leitlinie des von ihm geführten Unternehmens. Damit das auch nach innen in das Unternehmen wirke, hält er im Hause Diskussionen zu diesem Thema ab. Und da Munich Re zu den Investoren beim Chemie- und Pharmaunternehmen Bayer gehört, macht von Bomhard dort Druck auf nachhaltiges Wirtschaften. So verkündete auch der unter anderem für Technologie und Umwelt zuständige Bayer-Vorstand Wolfgang Plischke im Mai 2011 bei der Vorstellung seines Nachhaltigkeitsberichts ein ehrgeiziges Klimaziel. Bis 2020 will das Unternehmen durch bessere Energieausnutzung in der Produktion den Ausstoß von Treibhausgasen gegenüber 2005 um 35 Prozent senken. Bisher waren nur 25 Prozent geplant. Plischke nannte aber noch weitere Projekte zum Nachhaltigkeitsprogramm: eine optimierte Verteilung von Verhütungsmitteln in Entwicklungsländern, Medikamentenspenden zur Therapie von vernachlässigten Krankheiten wie der Afrikanischen Schlafkrankheit oder Malaria. Ein auf Nachhaltigkeit ausgerichtetes Handeln sei kein »Sahnehäubchen« auf dem eigentlichen Geschäft, erklärte Plischke, sondern eröffnet auch neue Geschäftschancen.

Ist dieses Verhalten mit Blick auf »neue Geschäftschancen« schon »ethisches Handeln«?

Immanuel Kant würde da sehr streng nein sagen. Bei ihm finden wir das Beispiel des »klugen Kaufmanns«, wie Kant ihn nennt, der seine Kunden nie betrügt, aus Sorge, sie zu verlieren. Zwar handelt der »kluge Kaufmann« gemäß der Moral, gemäß der Pflicht, die darin besteht, ehrlich zu sein. Kant sagt, der Kaufmann handele zwar, wie es seine Pflicht sei, aber nicht aus Pflichtgefühl. In Wirklichkeit lasse ihn nur der Eigennutz ehrlich sein. In diesem Fall, so Kant, habe das eigennützige Verhalten des Kaufmanns keinen moralischen Wert. Das Besondere des moralischen Wertes einer Handlung ist die Uneigennützigkeit, denn das Ziel jeden moralischen Handelns ist das Wohl der Gemeinschaft.

Für das Verhalten von Bayer würde das heißen, das Unternehmen handelt hauptsächlich aus Eigennutz. Aber da ist Kant vielleicht ein wenig zu anspruchsvoll. Es ist eben schwierig, eine Grenze zwischen Gut und Schlecht zu ziehen. Die Übergänge sind fließend. Und für die Gesellschaft ist das Verhalten von Bayer schon allein deshalb gut, weil es sich von dem bisherigen Verhalten der meisten Konzerne in der Welt unterscheidet.

Einen zunächst uneigennützig scheinenden Weg geht der Hersteller von Sportartikeln Puma. Als erstes Großunternehmen in der Welt bewertet es die Belastung für Natur und Umwelt durch sein Geschäft. Das Ergebnis lautet: Von der Herstellung bis zum Verkauf verursachen Puma-Produkte allein im Jahr 2010 Umweltschäden von 94,4 Millionen Euro. Pumachef Jochen Zeit sagte laut FTD, er hoffe auf Nachahmer, denn »wir müssen messen, was wir in der Umwelt anrichten«. Unternehmen müssten für die Kosten aufkommen, »die der Natur durch unsere Aktivitäten aufgebürdet werden«. Als Folge erwartet Zeitz in Zukunft gesetzliche Regelungen, wonach die kostenlosen Leistungen der Natur, wie sauberes Wasser, besteuert werden. Seine Haltung wird von der Tugend Verantwortung geleitet, die dem Einzelnen die Pflicht auferlegt, zugunsten des Schutzes der Umwelt nachhaltig zu agieren. Ziel seines Vorgehens ist das Wohl der Gesellschaft, das ihm wichtiger erscheint, als die daraus folgenden Belastungen für sein Unternehmen. Aber die Frage ist erlaubt, ob Puma wirklich nur die Gesellschaft im Auge hat oder nicht doch auch den Kunden, der diese Firma als so verantwortungsbewusst einschätzt, dass er lieber ihre Artikel kauft, als die des anscheinend nicht so verantwortungsvollen Konkurrenten.

Der Ruf nach moralischen Regeln setzt offenbar immer dann ein, wenn das konkrete Verhalten eines großen Teils der Gesellschaft nicht mehr den vermeintlich geltenden Regeln entspricht. Diesmal hat die Finanzkrise das Bewusstsein für notwendige Regeln bei einer großen Mehrheit von Bürgern überall in der Welt geweckt. Ohne Folgen bleibt die Forderung nach Veränderungen aber immer dann, wenn sich nur einzelne Stimmen erheben.

So kann auch Ethik in der Wirtschaft nur dann an Bedeutung gewinnen, wenn die überwiegende Mehrheit der Bürger sich dafür öffentlich einsetzt.

Ein gutes Beispiel dafür ist, wie sich das Bewusstsein für Umweltschutz in Deutschland über den Weg kleiner Gruppen zu einer eindrucksvollen Bewegung entwickelt hat. Als sich die Grünen 1980 zu einer Partei zusammenschlossen, wurden sie von vielen belächelt. Mit jeder Wahl haben sich mehr Bürger den Grünen und ihren Thesen zur Umwelt angeschlossen. Heute stellt die Partei Ministerpräsidenten und überholt die SPD und die CDU in Landtagswahlen.

Was also tun? Reicht es, Vergütungsvorschriften, Unternehmensregeln nach amerikanischem Corporate-Muster zu erlassen?

»Regulierung reicht nicht«, sagt Klaus Schweinsberg, Unternehmensberater und einst Chefredakteur der Wirtschaftsmagazine Impulse und Capital, und fährt fort: »Vielen Top-Managern fehlt es schlicht an Charakterbildung, an Verständnis für die Belange der Mitarbeiter und unserer Gesellschaft. Unsere aktuelle Wirtschaftselite hat sich gefährlich von den Werten ihres Heimatlandes entfremdet. Für den Aufstieg in den engsten Kreis der deutschen Führungskräfte zählen nicht in erster Linie Herkunft oder Ausbildung, sondern einzig und allein die Bereitschaft des Hochschulabsolventen, seine Seele an den Arbeitgeber zu verkaufen.« Und er fügt, sicher polemisch, hinzu, die »Brutstätten der künftigen Managementelite« unterscheiden sich kaum von den »zweifelhaften Selektionsprozessen einschlägiger Sekten«.

Um diesen Zustand zu ändern, sind Maßnahmen auf vielen Gebieten notwendig, die sich aus dem Dreiklang Erziehung, Moral und Gesellschaft ergeben.

Erstens also: Erziehung.

Ethik muss ein Pflichtfach an jeder Wirtschaftswissenschaftlichen Fakultät und jeder Business School werden. Das Forum der Young Global Leaders hat außerdem das »Davoser Gelöbnis« mit globalen Prinzipien für Führungskräfte vorgeschlagen und hofft, dass Absolventen von Wirtschaftsschulen diesen Ethik-Eid am Ende ihres Studiums ablegen. An der Harvard Business School (HBS), die unter der Kritik litt, Leute ausgebildet zu haben, die für die Finanzkrise mitverantwortlich waren, haben Studenten, unterstützt von Professoren, einen MBA-(Master of Business Administration-)Eid ausgearbeitet. Sie beziehen sich bei diesem Vorhaben auf den Eid des Hippokrates, womit sich Ärzte feierlich zu ethischem Verhalten verpflichten. An der HBS haben 2009 etwa die Hälfte der Absolventen den Ethik-Eid unterschrieben. Aber schon im Jahr darauf sprachen sich 59 Prozent der Graduierenden wieder gegen den Eid aus. Immerhin haben sich zehn Wirtschaftsschulen überall in der Welt der Idee eines Ethik-Eids angeschlossen.

So wie beim Eid der Ärzte geht es auch bei dem Davoser Gelöbnis, ähnlich dem MBA-Eid, um sehr allgemeine Formulierungen:

»Als Führungskraft erkenne ich an, dass

- ‚Unternehmen dem Allgemeingut verpflichtet sind,
- ‚mein Tun weitreichende Folgen für viele Menschen haben kann …«

Nun mag man darüber streiten, was für einen Wert ein solcher Eid hat, da ein Verstoß ja weder zivil- noch strafrechtliche Folgen hätte. Für die Selbstverpflichtung der Absolventen spricht, dass sie in dem Augenblick, in dem sie den Abschluss des Studiums feiern, sich einer künftigen Verantwortung verpflichten. Ethische Regeln gelten ja auch schon im vorgesetzlichen Raum und bestehen aus einer Selbstverpflichtung des Bürgers.

Zweitens: Moral.

Wie sagte Helmut Schmidt? Früher, als die Leute noch ehrlich waren, da brauchte man all die schönen Worte wie Corporate Social Responsability nicht, mit denen sich jetzt Unternehmen anscheinend moralische Regeln selbst verschreiben. Und auch der Unternehmer und Manager Jürgen Heraeus verkündete: »Der Ehrbare Kaufmann braucht keinen Kodex guter Corporate Governance«.

Wer die Tugend Ehrlichkeit verinnerlicht hat, braucht keine Vorschriften. Das bleibt richtig. Leider aber kennen viele Menschen die Tugenden des Ehrbaren Kaufmannes nicht einmal mehr. Und je mehr Unternehmen sich den aus den USA stammenden Kodizes verschreiben, desto stärker werden deren Manager und Mitarbeiter daran erinnert, was richtiges Handeln bedeutet. Deswegen sind diese Regelwerke doch sinnvoll und nützlich.

Corporate Governance regelt, wie die Mitarbeiter eines Unternehmens Gesetze einhalten und die Interessen der Eigentümer, Kunden und Partner, aber auch der Bürger und Gesellschaft berücksichtigen sollen.

Mit den Regeln der Compliance, einem Element der Corporate Governance, verpflichtet das Unternehmen seine Mitarbeiter, betriebsinterne Regelungen zu befolgen. Das betraf ursprünglich besonders Bestechung, Insiderhandel oder Geldwäsche. In den USA wurden in den neunziger Jahren von Unternehmen Compliance-Regeln eingeführt, um vor gerichtlicher Strafverfolgung geschützt zu sein. Denn ein Unternehmen, das die Existenz und Durchsetzung von Compliance-Regeln nachweisen kann, erhält im Fall einer Verurteilung ein geringeres Strafmaß.

Das Stuttgarter Unternehmen Daimler AG schuf sogar ein Vorstandsressort für »Integrität und Recht« und besetzte es mit der ehemaligen Verfassungsrichterin Christine Hohmann-Dennhardt, um auch nach außen hin integer zu erscheinen. Daimler war 2004 wegen schwarzer Kassen ins Visier der amerikanischen Börsenaufsicht SEC geraten und musste schließlich 185 Millionen Dollar zahlen, damit die Amerikaner ihre Ermittlungen einstellten. Das alles wird durch gesellschaftlichen Druck ausgelöst und der Handelnde damit in die Selbstverpflichtung gezwungen – ein nicht zu unterschätzender Erfolg.

Unternehmen tragen auch eine soziale Verantwortung, das bedeutet der Begriff Corporate Social Responsibility, ein weiteres Element der Corporate Governance. Darunter versteht die Europäische Kommission ein »Konzept, das den Unternehmen als Grundlage dient, auf freiwilliger Basis soziale Belange und Umweltbelange in ihre Unternehmenstätigkeit und in die Wechselbeziehungen mit den Stakeholdern zu integrieren«. Unternehmen verpflichten sich also freiwillig zu nachhaltigem Wirtschaften, was sie nicht immer um der guten Sache willen tun, sondern in der Hoffnung, dass ihr Verhalten langfristig dem Erfolg des Unternehmens nutzt. So veröffentlicht das Institute of Business Ethics in London eine Broschüre mit dem Titel: »Does Business Ethics Pay? – Ethics and financial performance«. Da taucht zwar wieder der »kluge Kaufmann« vom strengen Immanuel Kant auf, aber trotzdem sehe ich in diesem Verhalten einen Erfolg.

Die Goldene Regel entstand, wir erinnern uns, vor langer Zeit in vielen Gegenden der Welt gleichzeitig. »Was du nicht willst, das man dir tu, das füg auch keinem anderen zu.«

Heute, in Zeiten der Globalisierung, müssen ethische Regeln weltweit Gültigkeit haben, und so schlug der ehemalige Generalsekretär der Vereinten Nationen Kofi Annan in einer Rede beim World Economic Forum 1999 vor den Chefs weltweit agierender Unternehmen vor, »dass Sie, die Wirtschaftsführer, und wir, die Vereinten Nationen, einen globalen Pakt gemeinsamer Werte und Prinzipien ins Leben rufen, um dem globalen Markt ein menschliches Gesicht zu verleihen«. Der »Global Compact« der UN trat dann im Jahr 2000 in Kraft, und bis zum Jahr 2011 sind ihm mehrere tausend Mitglieder beigetreten, darunter hundert Unternehmen aus Deutschland. Mittlerweile hat der Pakt zehn Gebote aus vier Bereichen formuliert:

Menschenrechte

Arbeitsrechte

Umwelt

Kampf gegen Korruption

Auch diese Deklaration beruht auf Freiwilligkeit, sie ist ein Appell zur Selbstverpflichtung. Berater von Kofi Annan war der Baseler Professor Klaus Leisinger, der zusammen mit dem Wirtschaftsethiker Professor Josef Wieland aus Konstanz und dem Tübinger Theologen Hans Küng das Manifest für ein »Gobales Wirtschaftsethos« ausarbeitete.

Dieses Manifest geht weiter als der UN-Pakt, es stellt den Menschen in den Mittelpunkt ethischer Überlegungen. Das »Globale Wirtschaftsethos« basiert auf dem »Prinzip der Humanität«: »Jeder Mensch besitzt eine unveräußerliche und unantastbare Würde. Alle, der Einzelne wie der Staat, sind deshalb verpflichtet, diese Würde zu achten und ihren wirksamen Schutz zu garantieren. Auch in Wirtschaft, Politik und Medien, in Forschungsinstituten und Industrieunternehmen soll der Mensch immer Rechtssubjekt und Ziel sein, nie bloßes Mittel, nie Objekt der Kommerzialisierung und der Industrialisierung.«

Die Finanzkrise hat nach Ansicht des Friedensnobelpreisträgers und Wirtschaftswissenschaftlers Muhammad Yunus den gleichen Ursprung wie alle anderen Wirtschaftskrisen zuvor:

eine erhebliche Schwäche in der Theorie des Kapitalismus. Diese Schwäche beruht auf der falschen Vorstellung von der menschlichen Natur. Der Mensch wird als eindimensionales Wesen gesehen, das sich – der Vernunft gehorchend, bestens informiert und nur seinem Eigenantrieb folgend – ausschließlich der Vermehrung seines Profits widmet. Diese Annahme aber gibt ein eindimensionales Bild des Menschen wieder, denn »die Menschen sind keine Gelddruckmaschinen«.

Das Wesen des Menschen besteht aus mehreren Dimensionen.
Glück bezieht er nicht nur aus seinem materiellen Gewinn.

Der Philosoph, der Schriftsteller, der bildende Künstler mag seine Selbst- und Fremdachtung mit seinem schöpferischen Werk suchen. Der Wissenschaftler verwirklicht sich in der Forschung; der Arzt, die Krankenschwester, der Pfleger ziehen ihre Befriedigung aus dem Wissen, Menschen zu helfen. Schon Epikur sagte: »Reich ist man nicht durch das, was man besitzt, sondern mehr noch durch das, was man mit Würde zu entbehren weiß.«

In diesem übertragenen Sinn reich werden kann auch derjenige, der Geld weggibt. Und das betrifft jeden Menschen, auch wenn er noch so bescheiden ist. Vor wenigen Monaten erreichte mich zum Beispiel der Brief eines Ehepaares, das mir ausführlich sein unersetzbares Glücksgefühl schildert. Das Paar ist Pate bei der Kinderhilfsorganisation Plan-international, für die ich mich öffentlich einsetze. Es zahlt monatlich knapp 30 Euro, die an eine Gemeinde in Indien fließen, wo sein »Patenmädchen« lebt. Nach einigen Jahren beschloss das

Ehepaar, sein Patenkind zu besuchen. Es reiste nach Indien und wurde von der Dankbarkeit der Dorfgemeinschaft überwältigt, die ihre Wohltäter aus Deutschland mit großer Würde wie Staatsgäste empfing. Der Ehemann und seine Frau waren von dem Erlebnis so berauscht, dass ihr Glücksgefühl, so schrieben sie, durch nichts zu ersetzen sei.

Und der amerikanische Investor Warren Buffet sagte über seinen Weg zu einem der reichsten Männer der Welt: »Ich habe früh erkannt, dass ich meinen Reichtum weder meinem überlegenen Charakter noch meinem Ehrgeiz zu verdanken habe. Ich hatte einfach nur unverschämtes Glück und wurde in die höhere Gesellschaft hineingeboren. Dazu kamen Amerika als glücklicher Geburtsort und die Zinseszinsen.« Mit dieser sehr direkten Aussage begründete er, weshalb er 99 Prozent seines Vermögens stiften wird – etwa 50 Milliarden Dollar.

Gemeinsam mit Bill Gates hat er im Sommer 2010 den Spenderclub Giving Pledge für Milliardäre gegründet. Wer ihm beitritt ist bereit, mindestens die Hälfte seines Vermögens für wohltätige Zwecke zu spenden. Bis zum ersten Treffen der »Club-Mitglieder« Ende Mai 2011 hatten 69 Superreiche bei Giving Pledge unterschrieben, darunter auch der Karstadt-Investor Nicolas Berggruen. Geschätzt verfügen sie über mehr als eine Billion Euro, die sie dem Nutzen der Allgemeinheit widmen.

In Deutschland reagieren viele Multimillionäre in diesem Punkt noch ein wenig zurückhaltend, so als gehörte das Stiften nicht zu unserer Kultur. Aber auch hier sehe ich eine positive Entwicklung. Immerhin wurden in den letzten Jahren fast tausend neue Stiftungen in Deutschland ins Leben gerufen.

Und der Generalsekretär des Bundesverbands Deutscher Stiftungen Hans Fleisch sagt: »Das Stiften ist Ausdruck von Dankbarkeit.« Oft haben Stifter ihr Leben lang hart gearbeitet, jetzt wollen sie anderen helfen. Menschen, die ihr Vermögen selbst verdient haben, sind offensichtlich eher bereit, Geld zu stiften. Erben dagegen wollen ihr Vermögen lieber zusammenhalten.

Drittens: Gesellschaft.

»Wenn wir wollen, dass es eine Moral in der kapitalistischen Gesellschaft gibt (und es muss sie unbedingt auch in der kapitalistischen Gesellschaft geben)«, sagt der französische Philosoph André Comte-Sponville, »dann muss diese Moral ihren Ursprung, wie in jeder Gesellschaftsform, außerhalb der Wirtschaft haben.«

Die Grundlage aller ethischen Werte ist die Menschenwürde.

Wobei »Wert« hier nicht in materieller Bedeutung verwendet wird, sondern in einem übertragenen Sinn. Der Begriff bezieht sich nämlich nicht auf Sachen, sondern auf den Menschen. Wenn ich bei einer Sache fragen kann: »Was ist sie mir wert?«, ist diese Frage, wenn es um einen Menschen geht, nicht vorstellbar. Denn der Mensch, auf den sich der Wert bezieht, ist keine ökonomisch messbare Größe.

Die Mehrheit der Bürger muss dafür sorgen, dass unser Leben nicht von Wirtschaft bestimmt wird, sondern von ethischen Werten. Freiheit, Gerechtigkeit, Solidarität dürfen nicht daran gemessen werden, wie mit ihnen größtmöglicher Gewinn erzielt werden kann.

Wer mit dem Zustand der Gesellschaft, in der er lebt, nicht einverstanden ist, der muss selber handeln. Und jeder Bürger muss wissen: Er ist ein ethisches Subjekt. Denn erst wenn die Mehrheit der Bürger von der Gesellschaft, also auch der Wirtschaft, ethisches Verhalten fordert, kann sich etwas ändern. Unter Gesellschaft verstehen wir ein kulturelles, generationenübergreifendes Beziehungsgeflecht, das die Selbstverwirklichung der einzelnen Bürger im fairen Zusammenleben ordnet.

Jeder muss wissen: Ein Mensch trägt als individueller Teil einer Gesellschaft Verantwortung. Für sich selbst, aber auch für seine Mitbürger.

In bedrohlichen Zeiten, etwa im Dritten Reich, haben manche Menschen aus Verantwortung für die ihnen Anvertrauten sogar ihr Leben geopfert. Das ist das höchste Opfer, das ein ethisch handelnder Mensch bringen kann.

Freiheit feiern wir als einen der höchsten Werte. Und wir sehen es als eines unserer Grundrechte an, dass wir unsere individuelle Freiheit ausleben können. Aber steht dem nicht die ethische Verpflichtung gegenüber, altruistisch zu handeln?

Hilfe für die Schwachen ist solidarische Pflicht. Sie leitet sich aus der Tugend Wohlwollen (so nennt es Aristoteles) oder aus Altruismus her.

Ein privater Stifter kann mit seinem Wohlwollen vielen Menschen das Leben retten. So starben vor zehn Jahren in den aufstrebenden Ländern jedes Jahr 800 000 Menschen an Masern. Die Bill Gates Foundation beschloss zu helfen und spendete fast eine Milliarde Dollar an die GAVI Alliance, eine 2000 gegründete Allianz aus staatlichen und privaten

Organisationen, die medizinische Vorsorge für Kinder in den ärmsten Ländern fördert. Mitglieder sind Regierungen von Industrie- und Entwicklungsländern, UNICEF, WHO, die Weltbank, nicht staatliche Organisationen, Stiftungen, Hersteller von Impfstoffen sowie Forschungsinstitutionen. Nach zehn Jahren war die Todesrate auf 200 000 gesunken.

Bill Gates ist in seiner Entscheidung, wem er Geld spendet, völlig unabhängig. Er allein bestimmt, wohin sein Geld fließt. Diese individuelle Freiheit soll auch niemand infrage stellen.

Eine Gesellschaft jedoch, der die Würde des Menschen etwas wert ist, muss Verantwortung übernehmen – aus Altruismus. Für sie ist es eine moralische Pflicht, den Milliarden von Menschen, die an Hunger leiden, zu helfen. Die Regierungen der Industrieländer der Welt beschließen zwar auf ihren Weltgipfeln immer wieder Hilfsprogramme, doch sie nehmen ihre eigenen Beschlüsse nicht ernst.

Wir müssen umdenken, wenn wir in einer wirklich solidarischen Gesellschaft leben wollen.

Der Friedensnobelpreisträger Muhammad Yunus hat seine Perspektive für den Kapitalismus der Zukunft nicht nur entworfen, sondern auch damit begonnen, seine Überlegungen praktisch umzusetzen. Er schlägt zwei Varianten vor:

- Erstens: Wie bisher machen Unternehmen ihre Gewinne im Sinne der Eigentümer, allerdings unter Vermeidung negativer Auswirkungen. Wir nennen das weiterhin »kapitalistisch wirtschaften«.
- Zweitens: Auch diese Unternehmen machen ihre Gewinne, wie alle andere Unternehmen. Ihre Ausrichtung ist aber

rein sozial. Sinn dieser Unternehmen ist es, Arbeitsplätze zu schaffen, nachhaltig zu wirtschaften und Gewinne für soziale Projekte auszugeben. Wir nennen das »sozial wirtschaften – social business«.

Beide Unternehmensformen können auch zusammenarbeiten. Nichts hindert sie daran. So hat Michael Otto die Initiative »Cotton made in Africa« ins Leben gerufen, um zu helfen, die Armut in Afrika zu bekämpfen. Rund 20 Millionen Menschen leben im südlichen Afrika vom Anbau von Baumwolle mit hoher Qualität. Aber Weltmarktpreise, mangelnde Produktivität und vieles andere bereiten den Kleinbauern Schwierigkeiten. »Cotton made in Africa« schult diese Bauern, die Chemikalien oft unsachgemäß einsetzen, im nachhaltigen Anbau, im Vermeiden von Umweltschäden, im sinnvollen Handeln.

So müssen auch die Baumwolle-Bauern lernen, selbständig zu wirtschaften. Parallel dazu baut Otto eine Allianz großer Textilunternehmen auf, die schließlich die Baumwolle kaufen. Mit diesem Programm sollen im ersten Schritt 225 000 Bauern und ihre Familien erreicht werden, sodass sich die Lebensverhältnisse von etwa zwei Millionen Menschen spürbar verbessern. Die Bauern sollen später am Erfolg von »Cotton made in Africa« beteiligt werden, sie werden in landwirtschaftlichen Trainingskursen zur Ertrags- und Einkommenssteigerung ausgebildet.

»Zweitens werden wir eine Dividende direkt an die beteiligten Kleinbauern ausschütten«, sagt Michael Otto. »Und drittens initiieren wir neben diesem zusätzlichen Einkommen

Projekte zur Förderung von Bildung und Alphabetisierung für die Bauern und ihre Familien.«

Der Altruismus muss als Teil der menschlichen Natur auch in der Wirtschaftstheorie eine Rolle spielen. Denn Unternehmen des »social business« werden gerade in Afrika für eine wirtschaftliche Entwicklung sorgen, die auch Probleme Europas lösen hilft – wenn wir etwa an die Wirtschaftsflüchtlinge denken, die ihr Leben aufs Spiel setzen, um in Nussschalen übers Mittelmeer nach Italien oder Spanien zu kommen.

Wenn es gelingt, die Mehrheit der Akteure in der Wirtschaftswelt von der Vielschichtigkeit der menschlichen Natur zu überzeugen, wären wir auf einem guten Weg.

Wir sollten uns aber auch immer vergegenwärtigen. dass die Wirtschaftswelt nur einen, wenn auch elementaren Bereich des Lebens ausmacht.

Alles menschliche Handeln muss auf der Achtung der Würde des anderen basieren.

Der Sinn für Gerechtigkeit und Solidarität, Selbstdisziplin und Mäßigung, Ehrlichkeit und Fairness soll die Regeln für ein gutes Leben in der Gemeinschaft bestimmen. Wenn wir dieses Ziel ernsthaft und nachhaltig anstreben, liegt eine reiche Zukunft vor uns.

>>In den letzten fünfzig Jahren habe ich viele aufregende Menschen getroffen. Darüber erzähle ich in meinem neuen Buch.<< Ulrich Wickert

Als Sohn eines Diplomaten in Tokio geboren, am Fuß des Fuji aufgewachsen, in Paris zur Schule gegangen, in den USA studiert, wurde sein Blick für Neues früh geschärft. Schon als Kind hat Ulrich Wickert gelernt, auf Menschen zuzugehen. Journalist ist er wohl geworden, weil er, ohne aufdringlich zu wirken, Menschen treffen konnte, die ihn interessierten und bewegten. Ulrich Wickert zeichnet mit seinen Geschichten über Menschen, die er traf, ein überraschendes Bild der letzten fünfzig Jahre.

448 Seiten, gebunden

| Hoffmann und Campe |